LONCROSS PRESS

He estado en el infierno

Margarita Cabrer Esteban

LONGCROSS PRESS

LONGCROSS PRESS

Published by Longcross Press

Lameschmillen, L 3316, Luxembourg

vonb@pt.lu

He estado en el infierno

Copyright © Margarita Cabrer Esteban, 2017
The moral right of the author has been asserted.

ISBN 978-99959-54-06-2

Indice

Prefacio del Editor	7
1. Desde el corazón.	9
2. El botón rojo de la autodestrucción.	25
3. Tenia yo 34 años.	29
4. De este rescate hace ya mas de 22 años.	33
5. Mi derecho, tu derecho, su derecho.	35
6. Solo pregunto.	37
7. "XX"	39
8. Los tibios van a aser vomitados.	41
9. Puedo hacer el bien, y eso prefiero.	43
10. Luz de la Tierra y sal del mundo.	47
11. La ultima réplica.	51
12. El sexto sello.	53
13. Childfree.	57
14. El aborto; crimen perfecto.	59
15. ¿En qué podemos ayudarte?	63
16. A las madres que han abortado hoy.	75
17. Aborto a la hora del recreo.	77
18. Cruz roja y circulo AMAVI.	79
19. Heroes de cuatro semanas.	81
20. Don Manuel y una falmilia rescatada.	83
21. Hoy me han pedido que valore...	85
22. La otra manifestación.	87
23. Hay que mostrar la verdad...	91
24. La letra Escarlata.	93
25. Mata a su hijo porque le producía vómitos.	97
26. Robados en San fernando los regalos de "reyes" de veinte niños.	99
27. El abortorio "Guadiana-Los Arcos" de Badajoz.	101
28. Rescatadoras.	103
29. Lo más humillante.	105
30. La señora de los ojos azules.	109
31. Globos en la puerta.	111
32. Sus papas tienen 16 años.	113
33. Martita.	115
34. Presupuestos para el proyecto.	117
35. Escuela de agentes dinámicos de apoyo a la vida.	121
36. Viajamos.	123
37. Si el afligido invoca al Señor.	125
38. Relato de los hechos denunciados en el abortorio de Badajoz.	127
39. Policia de incognito	129
40. Me alegro de llorar...	131
41. ¿Dónde están hoy vuestras banderas?	133
42. El 21.	137
43. La bufonada.	139
44. Supongo que ha sido un error de imprenta.	143
45. Tengo que exigir dimisiones.	145
46. Los hijos son responsabilidad de los padres. Foto	147

Prefacio del editor.

Cuando en Longcross Press recibimos esta colección remarcable de documentos que forman este libro, nos preguntamos cuál sería la mejor decisión editorial a adoptar.

La naturaleza ecléctica de varios capítulos, algunos de los cuales solo contienen una foto sin texto, uno de ellos solo un poema, varios de ellos relacionados el uno con el otro, pero otros no, podría haber sido reorganizados de varias maneras.

Pero al final concluimos que ninguna política editorial podría mejorar la frescura de estos documentos como colección, tal y como llegaron a nuestras manos.

Lo que les une es un gran tema: la determinación de la autora a mostrar que siempre hay una alternativa mejor que la de acabar con la vida de una criatura no deseada.

La narrativa está llena de detalles, que, aunque son solo detalles, llevan inequívocamente a la conclusión de que lo único que se necesita para salvaguardar la vida es la práctica de las llamadas virtudes teologales, Fé, Esperanza y Caridad.

A.M.D.G.

                        Henry von Blumenthal
                        Proprietario, Longcross Press
                        Lameschmillen, Luxembourg
                        vonb@pt.lu

                        Julio 2017

1. Desde el corazón.

No soy escritora, por eso mantener vuestra atención sobre mis palabras me parece complicado. Necesito mis ojos para sostener vuestra mirada en una conversación de la que tú quieres huir; necesito mis manos que acaricien las tuyas que tiemblan de miedo...así es como consigo que las personas me atiendan y escuchen lo que tengo que decirles. A no ser que os hable de lo que veo en sus corazones: **Los deseos, las emociones...las razones.**

Los seres humanos aprendemos desde muy pequeñitos que las personas actúan porque tienen un **deseo en su corazón; o porque el miedo les mueve a hacer esto o aquello**. Pero a menudo esos primeros **motivos** son frenados por las personas a las que queremos y tenemos más cerca. Y **son las frustraciones las que acaban dictando nuestra conducta.**

Por eso, en ocasiones; hacemos lo que no nos gusta; aceptamos lo que detestamos; y acabamos matando lo que amamos...

Por supuesto que habrá personas que hayan sido violadas y como consecuencia de esta atroz conducta hayan engendrado un hijo; yo no me he encontrado con ninguna.

Las madres con las que yo hablo **han concebido como consecuencia del deseo y de la pasión**.

Son más de cinco años... a razón de dos días por semana... escuchando las consideraciones de unas treinta madres por día...28.800 "razones"; son muchas razones.

No he escuchado a ninguna persona relatar una violación.

Al contrario, es sorprendente que la ira y el enfado que llevan a algunas madres a abortar sean motivados **por la frustración que sintieron cuando se dieron cuenta de que su pareja no compartía su deseo o su pasión; al menos no como ella creía.**

Expectativas frustradas.

Como el caso de una joven madre que vino acompañada de una amiga mayor; ambas se pararon en la acera y escucharon amablemente los argumentos que les ofrecíamos para que no abortasen al bebé. La muchacha empezó a llorar y nos explicó que "el padre no quería hacerse responsable" también nos dijo que jamás en su vida hubiera pensado en abortar pero que su pareja *"la había defraudado"*.

Los movimientos feministas de hoy pierden la oportunidad de decirle a la mujer lo que dijera Alice Paul hace tanto tiempo: "Que el aborto es lo último para abusar ilegítimamente de la mujer; el aborto es violarte hasta las entrañas". Preguntas de lo más radicales me venían a la cabeza: ¿Acaso crees que matando al bebé vas a fastidiarle a él? ...

En vez de eso quisimos hacerle recordar los deseos y las esperanzas que motivaron su embarazo. Reconstruir ese corazón roto, evocar las primeras ilusiones cuando le confirmaron su estado...A pesar de eso ellas entraron en el abortorio.

Y yo rezaba para mis adentros: "Dios mío que la llame"; "Dios mío ojalá le envíe un mensaje al móvil".

¿Pensamos que la vida es peligrosa y nos preocupa ponernos en las manos de una sola persona, pero nos montamos en trenes que van a 220km por hora y subimos a aviones que vuelan a 5.000 metros de altura?

Bueno pues este bebé murió porque; tanto su madre como su padre, dejaron el uno en manos del otro la decisión de ser el primero en pedirse perdón. Absurdo.

Las emociones alteran nuestra forma de decidir a veces para bien; pero a veces para mal.

Es un hecho. Cambian nuestro razonamiento lógico y lo hacen un poco más visceral. Esto no es malo. Las emociones nos ayudan a adaptarnos a los eventos nuevos y sorprendentes y si nos acompañan desde antes de nacer es porque nos sirven para sobrevivir.

El miedo por ejemplo nos pone en alerta sobre un peligro y nos hace reaccionar de forma rápida y a veces hasta eficaz (otras veces no tanto) salvándonos la vida. En ocasiones el miedo es real pero no tiene sentido porque aquello que nos preocupa no ha llegado todavía y lo único que hacemos es rodearnos de ansiedad. ¿Nueve meses esperando lo peor? ¿Por qué?

El miedo es una emoción que se manifiesta en todos los animales lo que incluye al ser humano se deriva de la aversión natural que sentimos al riesgo o a la amenaza. Ninguna persona en sus cabales quiere sufrir; pero no es solo el daño físico lo que nos da miedo.

Nadie queremos ser menos socialmente que los demás y son muchas las cosas, cuya falta, nos haría sufrir. Algunas madres nos dicen: ¿y si no puedo darle todo lo que necesita? Y les contestamos: ahora mismo solo necesita tu amor.

Vivimos en una sociedad bajo la presión de un "gran hermano" que nos dicta cuales deben ser las razones de nuestra alegría y de nuestra tristeza. La hermosura, la salud, la inteligencia son los parámetros que usamos para decidir quién es digno y quién no.

El resultado de este terrible examen, que dura toda nuestra vida, puede ser o bien seguir realizando el examen o quedarte al margen como "fracasado". Las dos opciones son **pavorosas.**

El miedo a la propia muerte también es una de las "razones" que escucho frente al abortorio.

Muchas veces hemos oído hablar del "aborto terapéutico" pero no existe. Es mentira porque un aborto no cura nada.

Hace unas semanas vinieron una pareja de jóvenes, ambos bien situados económicamente. Se bajaron de un "insignia" negro precioso que llamaba la atención en el entorno del barrio donde está ubicado el negocio "mata-niños" un barrio trabajador de nivel más bien medio tirando a bajo.

Entraron como alma que lleva el Diablo sin darnos tiempo a decirles otra cosa que "elige la vida, todavía estás a tiempo". Pero en el transcurso de la mañana él salió un par de veces a fumar y nos armamos de valor **y de amor** y nos acercamos a preguntarle qué necesitaba para no abortar. El nos explicó que ya tenían un niño que había nacido por cesárea y que el médico les había hablado de los "peligros" de una nueva operación.

Me apresuré a informarles que no tenía por qué ser así; mientras escuchaba "contraexplicaciones" y "recontraexplicaciones", según él basadas en la opinión del médico; sobre que la cicatriz no iba a resistir la presión que el feto haría en los últimos días de embarazo; o que tenían que elegir entre que ella "explotara" dejando al otro bebé sin madre; y abortar.

Le ofrecimos la posibilidad de una segunda opinión médica, pues sabemos por experiencia que una primera cesárea no conlleva inexorablemente a una segunda; y que un parto prematuro (pero no un aborto) podría salvar la vida del bebé y a la madre. Pero la rechazó con un rotundo: *"Mira, no quiero más problemas"*. ¡Esa era la verdadera razón!; él no quería más problemas.

Me daban ganas de preguntarle ¿Acaso no visitaste más de un concesionario para comprarte el coche que llevas? ¿No pediste una opinión a alguien que ya estuviera conduciéndolo? Y sobre la decisión de matar o dejar vivir a un hijo ¿no vas a pedir asesoramiento?

En vez de eso le contamos el caso de Yassmina y Assiz.

Yassmina tenía una preciosa niña de tres anitos, había dado a luz un niño hacia cinco meses por cesárea y estaba de nuevo embarazada. Assiz nos contó que su médico les había advertido del peligro de un embarazo tan seguido y que la asistente social del equipo de

Planificación Familiar los había enviado a esa "clínica" a abortar porque, según la asistente; "no había otra solución."

Cuando les ofrecimos la posibilidad de ser visitados gratuitamente por uno de los mejores ginecólogos de nuestra ciudad aceptaron. Los lleve en mi coche mientras dejábamos su vieja furgoneta aparcada detrás del abortorio; y ella durante el viaje me confesó **aliviada:** *"Esta mañana rezaba: Dios mío que la furgoneta no se ponga en marcha, que no se ponga en marcha. Pero hemos venido y no me podía creer lo que íbamos a hacer. Por eso arrastraba los pies por la calle mientras nos acercábamos a la clínica. Y ahora sé que estoy haciendo lo que quiero y es correcto: salvar a mi hijo."*

Los deseos a veces se cumplen y Yassmina tiene ahora un precioso bebé que nació por parto natural sin necesidad de cesárea. Pero sobre todo tiene, la conciencia tranquila.

"No hay otra solución" es un mensaje equivocado y malintencionado.

Ya he comentado que tener deseos, sentimientos, anhelos; no es malo en sí mismo. El problema es cuando confundimos **"estar tristes"** con **"ser tristes"**; **"tener miedo"** con **"ser miedosos"** etc. Así podemos estar enviando a nuestro cerebro mensajes equivocados que nos llevaran a tomar decisiones equivocadas. Por ejemplo cuando nos confirman que estamos embarazadas se sucede una revolución emocional dentro de nosotras. Soy feliz y a la vez estoy asustada; me siento afortunada y a la vez temerosa...

Si nadie se preocupa de informar a la mujer embarazada de que estos cambios en su psique son normales (tan normales que incluso se pueden predecir una serie de emociones concretas para cada trimestre de embarazo) y en lugar de eso le dicen que podría tener esta o aquella deformidad; este o aquel problema al nacer…la abruman con análisis meramente informativos o experimentales y en ningún caso terapéuticos; que dan como resultado más especulaciones, más ansiedad, más temor… **la inducen a tomar la decisión equivocada de abortar a su bebé.**

Presencié la contradictoria conducta de una pareja que vino a abortar y cuando les dijimos que iban a matar al bebé nos dijeron serena y fríamente que el bebé venía mal y que no había otra solución. Nuestra sorpresa fue cuando al salir del abortorio inusualmente pronto, ella salía llorando porque el bebé ya estaba muerto.

¿Quién entiende a las mujeres? Es que lo natural para una embarazada es parir y tener un hijo vivo. Y eso es lo que queremos.

Las mujeres hemos estado afrontando el embarazo y el parto desde que el mundo es mundo; pero parece que ahora se ha introducido en la mente de las madres la idea de que "no vas a poder".

Pero repito no es lo mismo "tener miedo" que "ser miedoso" y el médico que dice a una mujer que está embarazada debería adjuntar esta aclaración.

Una mamá que viva su embarazo plenamente; no sin miedos, sino apoyada y acompañada para vencerlos; logrará tener una experiencia más placentera para ella, su pareja y su bebé.

El "gran hermano" que nos dicta lo que debemos pesar, la talla que debemos usar y qué debemos "ser" para tener éxito, nos dice por activa y por pasiva que la mujer que es madre es una fracasada durante el periodo de tiempo que está "perdiendo" para criar a su hijo. Además de una rémora para el sistema de pensiones, el sanitario...etc.

El miedo a ser considerado un fracasado, una fracasada trae a abortar a gran parte de las mujeres con las que he hablado, como la pareja de estudiantes iraníes que estaban disfrutando de una beca en España y no podían perderla.

La maternidad de un hijo que era deseado y que fue engendrado en el amor simplemente no era compatible con una vida de éxito. Sus palabras fueron desgarradoras y sus ojos lo decían todo. *"nuestros padres esperan tanto de nosotros..."* Decía ella *"no puedo volver después de haberme gastado tanto dinero y decirles a mis padres que el resultado ha sido el mismo que si me hubiera quedado en casa"*

La culpabilidad por quedarse embarazada y "retrasar su entrada en el mercado laboral" o frustrar los planes de quienes tienen puestas sus expectativas en nosotras inunda muchos corazones de madres que acaban abortando al sentir la presión del entorno.

Así abortó Marla, hija única, preciosa, estudiante aventajada de derecho, que vio como su madre la hacía elegir entre tener al bebé o seguir siendo "el encanto de sus ojos". Marla eligió bajo el influjo de la culpa que sentía por defraudar a su madre; no se lo ha perdonado jamás. Ni las excelentes notas, ni el apoyo de su pareja le han evitado dos intentos de suicidio.

La mujer que cría y educa a sus hijos a tiempo completo ejerce de enfermera, maestra, psicóloga, gerente de empresa, cocinera, costurera, organizadora de eventos, etc. ¿Por qué he de sentirme culpable? ¿Por qué he de sentirme un fracaso?

Multiplica el dinero que entra en casa (lo aporte, quien lo aporte) y garantiza a sus hijos un comienzo en la vida lleno de paz, experiencias gratificantes, y **apego seguro** que les proporcionará en el futuro una relaciones sociales, sobre todo las de pareja, sanas y equilibradas.

¿Alguien se ha preguntado si la violencia doméstica que padecemos en estos tiempos pudiera porvenir de unas relaciones inseguras al comienzo de nuestras vidas que llevan a las parejas a considerarse mutuamente como "algo" sobre lo que ejercer la propiedad?

Recuerdo a una chavalita de unos diecinueve años llena de **inseguridad,** cuya infancia muy bien podría encajar en esta descripción. Su forma de relacionarse con el sexo masculino era siempre traumática, siempre asfixiante.

Para conseguir lo que deseaba y a quien deseaba no dudaba en usar su cuerpo; y esta forma errónea de comportamiento le llevo a quedarse embarazada con la peregrina idea de que el padre permanecería a su lado. Naturalmente no fue así.

Y ella **despechada,** mató al bebé que no tenía culpa de nada.

Había tratado su propio cuerpo, a su pareja, y al bebé como objetos, como juguetes para su propio beneficio, ya no los necesitaba y ahora se deshacía de ellos.

La depresión y la tristeza que invadieron a esta chica cuando se dio cuenta de hasta donde había sido capaz de llegar se han convertido en una espesa niebla que la mantiene a día de hoy, perdida en un bosque impenetrable.

Recuerdo a una madre **valiente** que ante la elección que le obligaban a tomar decidió elegir la vida y alguna vez nos ha comentado que su pareja y padre de su hijo recapacita en lo que estuvieron a punto de hacer, y se echa a llorar **arrepentido**.

Hugo y Ángela eran un matrimonio joven, tenían ya dos niños pero él estaba trabajando y no les iba mal. Cuando los conocimos ella estaba embarazada de una niña de diecisiete semanas. Eso es casi veinte centímetros y unos cien gramos de peso. Todos los órganos del cuerpo formados (corazón, hígado, pulmones, ojos, pies, manos, ovarios…incluso los óvulos que su aparato sexual vaya a madurar durante toda su vida fértil estaban ya presentes) después de la etapa embrionaria solo le queda a la criatura esperar cómodamente a alcanzar el peso y el tamaño adecuados.

Un aborto de este tipo tiene que plantearte preguntas ¿sufrirá el bebé? ¿Cómo lo "interrumpirán"? Y la respuesta no te deja indiferente.

No puedes aceptar sin más vivir en una sociedad que permite el aborto mientras asegura en el Artículo 5 de los Derechos Humanos que "Nadie será sometido a torturas ni a penas o tratos crueles, inhumanos o degradantes." No; si sabes además el destino final de estos cuerpecitos.

Ninguno de los dos querían abortar, ambos se echaron a llorar en la puerta cuando les paramos para hablar; nos dijeron que incluso tenían ya pensado el nombre de la niña cuyo nacimiento estaba previsto para enero. Se llamaría Estefania.

Pero se habían decidido a venir porque todo el mundo les decía que era mejor espaciar un poco más los nacimientos de los niños y ellos sentían que la familia les miraba mal por estar embarazada otra vez.

Yo también he sentido esa presión y recuerdo incluso que en una ocasión le dije a una persona: *"No te pido dinero para mandarlo a la universidad ni para darle de comer, solo te digo que estoy embarazada; mi marido y yo nos queremos y lo natural es que tengamos niños"* Creo que me costó la amistad con esa persona.

Cuando hablaron con nosotras y escucharon que la realidad era que ya tenían aquí a Estefanía; ellos se afirmaron en lo que de verdad deseaban; tener a esa niña. Solo necesitaban comprensión.

Las mujeres embarazadas necesitan hablar con alguien para conjurar sus miedos sin que la conversación termine en un **"te apoyaré si decides abortar."**

Precisan escuchar un **"no pasa nada, saldremos adelante juntos."**

El caso es que, como vemos, tomamos la que posiblemente será la decisión más traumática de nuestra vida (sí, yo también tuve que elegir) basándonos en **estados de ánimo, deseos, frustraciones…sentimientos pasajeros que no perdurarán.**

Miedos infundados, ansiedad provocada sin necesidad, presión social para acomodarnos a lo que los demás consideran "normal"… Y ya no habrá marcha atrás porque no se puede volver a iniciar el proceso por el que se "interrumpió" la vida. Se acabó.

Quizás puedas tener otro bebé, pero no será el que mataste, ese estará muerto por siempre.

Lo más terrible es que nos parece bien dejar sola a la madre que está inmersa en esta sublevación de sentimientos y hormonas. ¿Cómo es posible tal grado de hipocresía?

Acompañamos con dinero público a los familiares de los enfermos de Alzeimer, que no están enfermos sino cansados; acompañamos con estrategias sanitarias nacionales a los familiares de los enfermos de cáncer que no están enfermos solo abrumados…

Y está bien; y es necesario para ayudarles a sobrellevar sus sentimientos encontrados. Pero dejamos sola a la mujer embarazada. La apestada del siglo XXI.

Y eso que la maternidad es un bien a proteger según el artículo 25 de los Derechos Humanos. **Es una política equivocada.**

El niño no nacido es el esclavo de nuestro tiempo, de cuya vida se puede disponer a nuestro antojo. Ya nadie le niega la realidad de estar vivo pero nos apropiamos el derecho a disponer de su vida. "Los no nacidos no pueden considerarse en nuestro ordenamiento constitucional como titulares del derecho fundamental a la vida que garantiza el art. 15 de la Constitución" (Sentencia del Tribunal Constitucional 116/1999 de 17 de Junio)

En flagrante contradicción con el Artículo 4 de los Derechos Humanos que dice: "Nadie estará sometido a esclavitud ni a servidumbre, la esclavitud y la trata de esclavos están prohibidas en todas sus formas"; El no nacido está sometido al libre albedrio de uno semejante a él. Que decide por él y que puede acabar con su vida, utilizarla para experimentar, como terapia antidepresiva… También hubo un tiempo no muy lejano, en el ordenamiento jurídico de nuestra hipócrita sociedad; en el que el amo disponía de la vida de su esclavo.

La omisión del deber de socorro consiste en omitir el socorro a una persona que se halle desamparada y en peligro manifiesto y grave.

La ayuda y el servicio que yo presto ante el abortorio y a las madres embarazadas que me lo piden es una respuesta al deber de socorrer, contemplado en nuestro ordenamiento jurídico, a una "persona que se halla desamparada y en peligro manifiesto y grave"; "se entiende por tal a aquella que no puede prestarse ayuda a sí misma."

Me parece suficientemente confirmado que ambos se encuentran en peligro; la madre se encuentra psicológicamente presionada y no puede prestarse ayuda a sí misma; y el bebé está en peligro de muerte.

Sin embargo soy la única mujer condenada en firme por estar frente a un abortorio defendiendo la vida del no nacido y la dignidad de la persona humana. Algunos me preguntan si merece la pena.

Yo defiendo para el bien común lo que quiero para mí y para mis hijos: "Todo individuo tiene derecho a la vida, a la libertad y a la seguridad de su persona." (Artículo 3 de los Derechos Humanos). Así que no se trata solo de darles cosas; es darles amor, seguridad en sí mismas; y transformar poco apoco la sociedad en la que vivimos por aquella otra en la que queremos vivir.

Jamás he insultado a nadie del abortorio, ni me dedico a dar gritos en la calle porque, lo que yo quiero es que haya un ambiente tranquilo para que las madres puedan escuchar con serenidad lo que tengo que decirles y valoren con calma lo que están a punto de hacer.

Pero el negocio del aborto no admite competencia y no dudan en utilizar torticeramente a la justicia para dificultar mi labor. Incluso han llegado a la agresión física y verbal a pesar de que según el artículo artículo 19 de los Derechos Humanos: "Todo individuo tiene derecho a la libertad de opinión y de expresión; este derecho incluye el de **no ser molestado a causa de sus opiniones,** el de investigar y recibir informaciones y opiniones, y el de **difundirlas, sin limitación de fronteras, por cualquier medio de expresión.**" Así mismo tenemos derecho según el artículo 20 a la libertad de reunión y de asociación pacíficas.

En la acera del abortorio o en cualquier otro lugar.

También el artículo 20 de la Constitución Española me ampara reconociendo mis derechos para expresar y difundir libremente los pensamientos, ideas y opiniones mediante la palabra, el escrito o **cualquier otro medio de reproducción**. Además de concretar que el derecho de reunión pacifica no necesitara autorización previa.

¿Merece la pena defender los derechos que como civilización hemos conseguido sean tuyos, míos o del no nacido? ¡Claro! En la calle, en las urnas y en mi vida privada; si no ¿Cómo podríamos levantarnos cada mañana y vivir una vida por la que no hemos luchado con todo nuestro corazón?

2. El botón rojo de la autodestrucción.

26 de junio de 2015 a las 18:29

Dejar en manos de una persona insegura, debil y momentaneamente trastornada física y psicológicamente el destino de una vida humana, es como dejar jugar a un niño con los botones rojos de las cabezas nucleares norteamericanas.

No es lógico, ni cabe en la cabeza de nadie que no se haya preparado todo un protocolo de seguridad para evitar el desastre total.

Pero eso es lo que ocurre hoy en España en la mayor parte de los casos, cuando una mujer embarazada escucha de su ginecólogo que "puede haber problemas con la gestación" o que "Este niño vienen mal": se queda sola.

Quisiera escuchar una voz que le dijese: "no pasa nada" "tendremos a este niño y lo amaremos" "saldremos adelante"...pero no escucha nada.

Nada positivo; porque en el peor de los casos, los bien intencionados "promuerte-metomentodo" harán causa propia el convencer a esa mujer de que va a estar mejor quitandose el problema de encima. Es decir matando a tu hijo.

"No tienes derecho a traer un niño al mundo a sufrir" es una de las lindezas con las que tendra que lidiar los nueve meses. A parte de las miradas de desprecio, los comentarios peyorativos cuando rechace las pruebas médicas meramente informativas para la madre y no curativas para el bebé...

Hay muchos pacientes que mejoran sensiblemente el estres y los sintomas de su enfermedad cuando el médico le pone nombre a esta; pero en el caso de un embarazo de alto riesgo parece que a nadie le preocupa salvar la vida del bebé; sino realizar el aborto.

¿como va a progresar la cirugia prenatal?

Qué os parecería si a un enfermo al que se le diagnostica un cancer o una enfermedad terminal, en la misma consulta del médico se le diera una pistola cargada y despues saliera el facultativo de la sala diciendole con voz calida y mirada comprensiva: "Es lo mejor que puede hacer, volvemos dentro de un rato y respetaremos lo que usted haya decidido hacer"

Cuando escuchas un diagnóstico sin esperanzas para la persona a la que más estas deseando amar te trastornas psicologicamente, incluso físicamente. Nunca he hecho vuelo libre y no se lo que se siente pero os puedo asegurar que el abismo desde el que yo me cai cuando me dijeron que el bebé que estaba esperando naceria como un "monstruo" no se puede comparar a nada que exista en la naturaleza.

Yo tuve en mis manos ese boton rojo, esa pistola cargada...Gracias a Dios y a mis hermanos en la fe que me apoyaron para evitar ese desastre total hoy no tengo que lamentar nada más que el trato recibido. No apreté el boton rojo de la autodestruccion.

Eso es lo que supone matar a tu hijo abortandolo. "Se te hace un agujero en el corazón por el que se te va no solo la vida de ese hijo sino la tuya propia" me decia una abuelita señalandose el pecho...parece que sabia de lo que hablaba.

Mi hijo nacio completamente sano.

3. Tenia yo 34 años.

Tenía yo 34 años cuando me quedé embarazada de mi segundo hijo.

El mayor tenía seis meses, no habíamos planeado tenerlo tan seguido; pero con mi edad tampoco era cuestión de perder el tiempo, así que después del primer susto lo asumimos con alegría.

En la primera ecografía que me realizaron y mientras yo permanecía tumbada sin poder ver las imágenes el médico que me trataba llamó a otro y los dos juntos me dijeron que sería mejor que mi marido me acompañase para oir lo que tenían que decirme.

Dilatación del ventrículo lateral izquierdo; que permaneció lleno de líquido durante el embarazo, por lo que el cerebro hipotéticamente no podría desarrollarse.

Me ofrecieron toda clase de facilidades para abortar, un paquete de ayudas que yo escuché recitar junto a las otras mamas cuyo embarazo era como el mío de alto riesgo: casa de acogida, dinero, trabajo, apoyo psicológico...

Algunas decidieron abortar y acogerse a la ayuda que les daban; yo decidí no hacerlo pero dije a quienes nos atendían que necesitaría ayuda psicológica porque tenía un bebé de seis meses y me encontraba alejada de mi familia. No pudo ser. La Ley extremeña de ayuda a las mujeres (todavía vigente) es solo para quienes deciden abortar. Literalmente me pusieron en la puerta de la calle.

Me dijeron que si había tomado una decisión tan temeraria como traer al mundo un niño deficiente; seguro que tendría fuerzas para salir adelante. No fue sino al cabo del tiempo que estas palabras y otras empezaron a hacerme daño en el alma. De momento rebotaban en mi cerebro traumatizado y quedaban votando...

Pero yo no había tomado la decisión por arrojo ni por valentía, al revés pensé que si tenía que morirse a las dos horas o a los dos días de nacer, que fuese; pero que yo no podía matarlo. La duda y el dolor que me quemaban no era si podía matarlo o no, porque tenía claro que algunas cosas pueden no ser ilegales pero que eso no las convierte en buenas. La duda era si tenía derecho a traer al mundo a un niño y hacerlo sufrir.

Así es la cultura de la muerte que llena nuestras instituciones, también las que deberían dedicarse a curar y a dar esperanza. Nos confunden. Llaman bueno a lo malo, y malo a lo bueno.

Todas las semanas acudía a ver si el líquido remitía y todas las semanas tenía que escuchar las mismas advertencias: ¡Qué todavía estas a tiempo! ¡Que no haces nada malo porque estas dentro de los supuestos contemplados en la ley! Me sentía acusada, juzgada y condenada por quienes semana tras semana no comprendían que lo que yo llevaba en mi seno no era un objeto de deseo para auto realización personal sino un hijo de Dios al que debía respeto.

Asumí que mi hijo sería un monstruo, muy subnormal. Literalmente es lo que me dijeron. Rezaba todos los días pidiéndole a la virgen María su comprensión y su intercesión. De madre a madre.

Le decía: "claro que acepto a este niño, pero te pido que su cerebro sea sanado porque también a ti te gustó ver a Jesús tan guapo y tan hermoso correr y jugar entre sus amigos".

Sobre el séptimo mes tuve la certeza de que mi hijo estaba sanado. Fue como un momento de lucidez en el que comprendí que para Dios el tiempo no existe y que cuando mi hijo muriese y fuese al cielo a ocupar el sitio que le había sido destinado, luciría tan guapo y tan perfecto como yo le estaba pidiendo. Fue real. Fue suficientemente fuerte para sostenerme en medio del dolor. Fue fé.

Y cuando llegó el momento y mientras todos los indicadores (test de Apgar) daban una puntuación extraordinariamente alta para un recién nacido, yo reclamaba como una loca un neurólogo para que viera a mi hijo y sin falta lo pusiera en tratamiento.

Asumí de verdad que nacería con muchas necesidades físicas y mentales. Los profesionales que me atendieron achacaron mi insistencia en que lo viera un neurólogo al estrés del parto. Pero es que me costó cambiar de esquemas mentales.

Cuando ya se aclaró todo y después de dos años y medio en revisión neurológica periódica el médico le dio el alta. Sus últimos comentarios fueron: "para mí que este niño es muy listo".

En el colegio y debido precisamente a sus inquietudes por todo, su destreza en el cálculo mental y su especial visión artística de las cosas fue diagnosticado por el equipo de psicólogos como de Altas Capacidades.

Y yo no dejo de pensar en las mamás que sentadas a mi lado y escuchando lo mismo que yo escuché decidieron matar a sus hijos. ¿Y si lo hubiera matado yo?

Ahora lo veo tan guapo por dentro y por fuera, tan sensible, tan necesitado…y pienso que mi tarea ahora no es más fácil que si él hubiera nacido de otra manera, y también que él no sufre menos por ser "normal", y que tampoco hubiera sufrido más de haber nacido discapacitado.

Vivir es disfrutar y sufrir, luchar, ganar y perder; y es imposible evitarles los sufrimientos a nuestros hijos. Es una necedad intentar evitárselos.

Elegimos su nombre antes de que naciera. Miguel, que significa ¿Quién hay como Dios?

4. De este rescate hace ya mas de 22 años.

5. Mi derecho, tu derecho, su derecho.

(relato propio)
22 de junio de 2013 a las 19:31

Conozco la historia de unos amigos; el padre enfermó de cáncer y el diagnóstico fue fulminante: apenas unas semanas de vida.

El hombre liquidó sus negocios y reunió a su familia: mujer y dos hijos adolescentes con los que no se llevaba muy bien.

Y decidieron que los días (o las horas) que pasasen juntos serían dignas de ser recordadas, llenas de amor, perdón y felicidad.

Pero un vecino entremetido opinaba que eso haría todavía más doloroso el momento de la muerte.

Al fin y al cabo, les dijo, "si no conoces a quien se muere, si no tienes lazos afectivos que te unan a él es más fácil olvidarte".

Pero nuestro condenado a muerte y su familia vivían, aún en medio del dolor; los momentos más llenos de vida de su vida.

El vecino enredador no podía comprenderlo. Y no comprenderlo le llevaba a no poder tolerarlo.

Según él era un espectáculo truculento, doloroso e innecesario que ponía en evidencia día tras día la fragilidad del ser humano. Haciendo daño a los vecinos, a la sociedad...Era como si hubieran pintado en un estandarte el lema "todos vamos a morir" y lo hondearan al viento en el jardín de su casa. ¡Delante de nuestras narices! No podía consentirlo.

Nuestro magnánimo pero insidioso vecino juzgó que la familia de mi amigo obraba así enajenados por el sufrimiento que no les permitía pensar con lucidez. Y también opinaba que la misma locura les

impedía tomar la decisión valiente que debían tomar, según él: matar al desahuciado y acabar de una vez.
¡A otra cosa mariposa!

La plenitud con la que vivían cada día ponía en evidencia el vacío de su propia vida; y no iba a consentir que le impugnaran cómo debía vivir. ¿Dónde quedaría la libertad humana si cualquiera puede venir a cuestionarle?
Así que lo mató.

En el juicio alegó "defensa propia";
y también "para ahorrarles sufrimientos innecesarios";
y "porque la vida que le quedaba por vivir no merecía la pena".

Y aquí seguimos todavía deliberando si en el fondo no le mató por humanidad.

Cuando la pregunta que deberíamos hacernos es si le es lícito al hombre matar al hombre.
La respuesta la encontramos en el fondo de nuestro corazón; escrita en la Ley Natural: No matarás.

6. Solo pregunto.

19 de febrero de 2014 a las 14:21

¿Quién hubiera afirmado hace diez años tan solo que se prohibiría fumar en los sitios públicos; y mucho menos que nos acabaría pareciendo normal y bueno?

¿Os imagináis que como las blasfemias y ofensas a nuestros lugares religiosos y a las imágenes católicas no pueden evitarse del todo en un país aconfesional como el nuestro, el Gobierno propusiera que en los municipios de menos de 2000 habitantes se permitiera insultar al párroco, recibirle a la salida de Misa arrojándole ropa interior, etc.
Siempre de forma civilizada claro, ejerciendo un derecho previamente establecido.

¿Quién sabe explicarme porque el asesinato de bebés no nacidos no puede ser prohibido totalmente?

Me parece un crimen igual de despreciable matar a un niño fruto de una violación; que matarle por ser discapacitado; que matarle porque no ve viene bien haberme quedado embarazada ahora.

Quien no sea capaz de verlo así es que esta muy enfermo.

Y quien acepta una legislación que ampare injusticias como esta no merece mi respeto.

7. "XX"

(miedo)
17 de agosto de 2015 a las 11:45

El miedo ha movido gran parte de las actuaciones de las personas influyentes del siglo XX.

En el afán de preservar el estado de bienestar para una clase de personas "dignas" de poseerlo, intentaron evitar en la medida de lo posible; que aquellos que eran considerados "inferiores" se "propagaran". (No lo digo yo lo dice Kamin 1981)

Parece que estemos hablando de una plaga de carcoma; pero no. Estamos hablando de la gente que llegaba a EEUU buscando una vida mejor. Eran recibidos en una isla: Ellis.
Expuestos a enfermedades contagiosas, hacinados como ganado estabulado. Hasta que se les aplicaban unos test de inteligencia.
Se hizo evidente la escasa suerte que corrían las personas con baja puntuación en el test. La distinción entre pobre, delincuente, o enfermo mental era tan sutil que no existía.
En 1921 se creó la **Sociedad Americana para la eugenesia**. En este contexto surgieron la leyes de esterilización cuyo objetivo era acabar con la transmisión genética de estas personas recién llegadas. No he oído que EEUU pidiera perdón al resto de las naciones por esto. Consideraron en la aplicación de los test que el 83% de los judios; el 80% de los Húngaros, el 79% de los italianos y el 87% de los rusos eran **Débiles Mentales** que no debían procrear. Y dicho y hecho. fuerón esterilizados.
Sir Cyril Burt en 1903 se expresaba así: "El problema de los muy pobres no tiene solución si no es impidiéndoles que propaguen sus especies"

No tengo noticias de que la reina de Inglaterra le haya quitado el titulo de Sir.

Ni siquiera cuando falseó los datos de unos estudios con gemelos en los que se ponía de manifiesto que los niños adquirían mas inteligencia con mas estimulación y con un ambiente apropiado. Falseó los datos de sus investigaciones pero a pesar de ello la comunidad científica no se planteo que quizás estaban justificando sus propias creencias y apoyando sus prejuicios.

Igualmente nos hemos tragado en el siglo XXI la necesidad de reducir el número de habitantes de la tierra.
Nadie ha hecho una simple multiplicación y división: El número de personas que pueblan el planeta y el número de kilómetros que tiene este planeta. **Nos sobra comida, y nos falta vergüenza.**

Así se está justificando la eutanasia y el aborto por quienes además pretenden hacer un negocio lucrativo de este atropello a los Derechos Humanos.
Y nosotros "yendo a por uvas" aceptando lo de la libertad de elección, lo del falso derecho de tu cuerpo y bla, bla, bla,

¿Acaso no nos damos cuenta que no solo acabamos con la vida de un ser humano sino con toda una historia, unos planes, unos proyectos...? Destruimos a un bebé sí. Pero también a sus hijos y dejamos a sus posibles alumnos sin sus genialidades...matamos al niño, pero también matamos al científico, al héroe, al médico, al artista, a la madre, a la santa o santo...al sacerdote.

La Comunidad científica está totalmente desprestigiada justificando por un lado las muertes de inocentes y por otro intentando preservar las especies del planeta bajo la excusa de que la desaparición de una puede afectar gravemente al conjunto.
Dios perdona siempre, el hombre...a veces. Pero la Naturaleza no perdona nunca.

8. Los tibios van a aser vomitados.

12 de septiembre de 2014 a las 14:47

Espero que, en la recta final de los acontecimientos mundiales profetizados; muchos de vosotros estéis ya decidiendo qué hacer.
¿DE LADO DE QUIEN ME PONGO? **Mas que nada porque los tibios van a ser vomitados y tendrán un castigo más severo.**
¿Que por qué lo sé? Lo sé.
La respuesta de Dios cuando le dicen cosas como **"no soy yo el guardián de mi hermano"** me induce a pensar que así será. ¡Ah! y también la palabra de Dios cuando habla sobre los que pasan el día mano sobre mano, o mirando para otro lado para no ver lo que se hace mal y no tener que tomar partido. O cuando habla de los pastores que se comen las ovejas gordas y no apacientan a las temerosas...
 Pero no quiero hoy centrarme en las palabras de la Bilbia sino que quería copiaros las de una carta que me ha llegado después de mucho tiempo y que me hace sufrir doblemente porque de nuevo revivo aquello que pasé en su momento.

Dice así:
Querida Marga: Acabo de leer tu carta y me pongo a contestarte, un poco tarde si quieres pero es que me he visto en la necesidad de irme a XXXXXX por la revisión del ojo de XXXXXX XXXXX. He aprovechado la ocasión para alejarme y despejarme de toda esta tragedia que he vivido estos últimos tiempos.
No tienes tú la culpa Marga, ni tu ni yo, ni tan siquiera XXXXXX, la verías desde su soberbia pero no ha sido la que empujaba a XXXXXXX al aborto, llámalo miedo a una enfermedad , a un niño con tara ...... que se yo.
XXXXXX me dijo que si yo lo quería me lo daba a mi, *fue un trallazo créetelo, porque te garantizo que si yo no tuviese la*

XXXXXX en las condiciones que la tengo y no fuera tan XXXXX me hubiese quedado con él y lo hubiera criado el tiempo que fuera con todo el amor del mundo, pero ¿fue cobardía por mi parte?

En que hemos podido fallar? No lo sé Marga, no entiendo nada de nada, con XXXXXX he quedado en vernos la próxima semana, pero del suicidio olvídate no se va a dar esa circunstancia por la sencilla razón de que no hay una conciencia exacta del daño que se ha hecho a sí misma ni del crimen execrable que han cometido. Dicen que están mal pero no me lo creo.

Bueno Marga ya está hecho y solo nos queda rezar y eso es lo que nos tiene que dar fuerzas para seguir adelante en esta vida horrible que nos ha tocado vivir, revisar en que hemos fallado y si se vuelve a presentar otra ocasión aprovechar los conocimientos que tenemos y ponernos en manos de Dios.

Un fuerte abrazo

¿Y todavía te preguntas en qué hemos podido fallar? Eso es tener el corazón muy duro.

Y sí; si creo que a esta madre se le empujó al aborto porque nadie se ofreció voluntario para echarle una mano. La dejasteis sola. La dejamos sola. No quiero seguir comentando más esta carta que tanto dolor me ha provocado. Solo decir que espero que su lectura nos haga reflexionar sobre el abandono terrible que viven las madres embarazadas.

Y recordaros que seremos juzgados; si. No os quepa la menor duda.

9. Puedo hacer el bien, y eso prefiero.

22 de abril de 2014 a las 10:10

La vocación de los laicos (catecismo de la Iglesia Catolica)
898 *"Los laicos tienen como vocación propia el buscar el Reino de Dios ocupándose de las realidades temporales y ordenándolas según Dios."*

Las elecciones europeas nos atañen, nos importan y nos incumben...y desentendernos de lo que nos ha sido dado para administrar es para nosotros un pecado grave: Todos conocemos la reprimenda que le cayó al cobarde que no puso a servir los talentos que había recibido. **" Tuve miedo, y fui y escondí tu talento en la tierra"** Mateo 25,25.
¿Tenemos miedo de meter la pata?.¿Tenemos miedo de colaborar con nuestro voto al mal?

Será sin duda porque nuestros pastores no nos pastorean y nuestros guías no nos explican las escrituras. No es tan difícil saber dónde está el bien y dónde el mal.

En los antiguos ritos se sellaban las alianzas con un pacto de sangre.

También ahora la sangre vertida de los niños prenatales indefensos sirve de firma en una confesión de culpabilidad y responsabilidad que admiten sobre sí mismos, sobre sus hijos y sus familias quienes votan al mal menor o justifican el voto como voto útil en el tema del aborto.
Nuestra vocación, la de los cristianos; es *"ordenar las realidades temporales según Dios"*

El Mundo y su espíritu pactan con una clase de políticos cuyas obras ya conocemos desde hace más de cuarenta años: sodomía, crímenes, mentiras, egoísmo, odio, prevaricaciones, desprecio al ser humano...este pacto lo sellan todos por igual con una sangre preciosa e inocente para Dios: la de los niños abortados.

Yo no quiero formar parte de esa avenencia.

La iniciativa de los cristianos laicos es particularmente necesaria cuando se trata de descubrir o de idear los medios para que las exigencias de la doctrina y de la vida cristianas impregnen las realidades sociales, políticas y económicas.

Esta iniciativa es un elemento normal de la vida de la Iglesia (catecismo de la Iglesia Católica) 899.

Ningún partido político con representación parlamentaria está capacitado para regenerar la vida social, política y económica de España. Desde cualquiera de ellos se ha promovido y se ha participado en el cataclismo actual español.

1/ **Defender la vida humana** desde su concepción y hasta su muerte natural.
2/ **Defender la familia natural**, que es la unión voluntaria, cimentada en el amor, de un hombre y una mujer, abiertos a la vida y al cuidado de sus hijos.
3/ **Protección del derecho de los padres a decidir libremente la mejor educación para sus hijos.**
4/ **Bien común.** El Estado ha de estar al servicio de los ciudadanos y no los ciudadanos, al servicio de los intereses de una minoría política o económica.

Yo no quiero esconder por miedo mi voto y quedarme en casa. **Puedo hacer el bien y eso prefiero**. Puedo votar sin taparme la nariz y EN CONCIENCIA. Y eso es lo que haré.

No hay otro evangelio
...hay algunos que os perturban y quieren pervertir el evangelio de Cristo.

Mas si aun nosotros, o un ángel del cielo **(o un obispo),** os anunciare otro evangelio diferente del que os hemos anunciado, sea anatema....
Si alguno os predica diferente evangelio del que habéis recibido, sea anatema... Gálatas.

Cualquier sacerdote que oriente a sus fieles a votar al PP (o a cualquier otro partido con actual representación parlamentaria en España) les está incitando a pecar. Haciéndose cómplice de todos los pecados a los que una sociedad atea y desnaturalizada les inclinará.

No busco agradar a los hombres con mis reflexiones; sino dar luz (que es mi obligación de cristiana) en medio de las tinieblas.
Si todavía buscara agradar a los hombres, no sería siervo de Cristo. Gal 1, 10.

10. Luz de la Tierra y sal del mundo.

Incorpóreo como la luz e insignificante como la sal disuelta en el agua.

Así sentimos nuestro trabajo frente al abortorio Los Arcos-Guadiana de Badajoz (filial de la Dator) la mayor parte del tiempo que permanecemos allí, haciendo rescates.

La mayoría de los días te vuelves a casa con una terrible sensación de fracaso porque no tienes un bebé que añadir a esa lista de **"rescatados"** que, aunque ya supera el centenar; siempre parece corta, muy corta.

Ya sabíamos que la labor era "a contracorriente". Nos lo había dicho Benedicto XVI y también San Juan Pablo II; y por supuesto nuestro Señor Jesucristo.

Por eso no hemos esperado a tener un respaldo masivo; ni el aplauso de nuestros vecinos pacenses para ponernos a la tarea de, como dice San Agustín; ser la voz de los que no tienen voz.

Hoy es fácil encontrar quien se solidarice con una persona maltratada; o con una persona que echan de su casa…pero no es sencillo encontrar quien quiera defender a una persona a la que han maltratado hasta la muerte y han expulsado del único lugar en el que puede vivir: el seno materno.

Nuestra lucha por la vida escuece como irrita la sal en una herida.

Nuestro empeño por mostrar la verdad del aborto con imágenes y datos estadísticos ofusca y confunde a nuestros adversarios como la luz cegadora.

Son muchos los "amigos" que al ver nuestra determinación día tras día frente al centro de exterminio prenatal, soportando frio y agresiones físicas; han decidido cruzarse de acera y han optado por hacer como que no nos conocen. **No comprenden.**

Piensan que somos raras porque cualquier persona medianamente normal habría desistido después de múltiples denuncias falsas y dos agresiones físicas. Pero, ¿Quién quiere ser medianamente normal? Yo no.

No quiero ser mediocre. No quiero ser del montón. Y **las personas que me acompañan compartiendo conmigo esta experiencia tampoco son del montón; son extraordinarias.**

Así hemos podido sacar a flote un audaz proyecto que pretende ser ni más ni menos que luz en medio de las tinieblas; verdad en medio de las mentiras; criterio en medio de la mezquindad.

A pocos metros del abortorio de Badajoz hemos alquilado un local para exponer de forma permanente fotografías y videos que hablan de cómo, qué, y porqué un aborto es una herida sobre la madre que aborta; sobre la sociedad que lo permite y; sobre todo, el asesinato de un inocente.

Comenzamos este camino sin importarnos si era un proyecto popular o si nos iban a apoyar muchas personas, pero tengo que reconocer que al volver la vista atrás efectivamente son muchos los que han aportado su granito de arena para que este sueño se hiciera realidad.

Hoy contamos con profesionales ginecólogos que nos han ofrecido su ayuda desinteresada para visitar a las mamas y tranquilizarlas con una segunda opinión médica. Psicólogas, abogado... pero también la aportación de muchos particulares y colaboradores que nos hicieron la tarea de inaugurar el local más fácil: el electricista, el instalador del rotulo y de los vinilos, la copistería que nos hace los folletos informativos...etc.

Y en el año de la Misericordia y gracias a la sensibilidad que hemos encontrado en el señor Arzobispo de Badajoz Don Celso Morga; las chicas cuentan con la posibilidad de descargar el peso de la culpabilidad y reconciliarse con el Amor de Dios a través de la atención personal de un sacerdote que puede confesarlas. A todos ellos: gracias.

El grupo de rescatadoras sigue en pie frente a la puerta del abortorio los lunes y los martes que es cuando el facultativo, libremente y por dinero; mata a los bebés en número de entre veinte a veinticinco. Que para una ciudad de aproximadamente millón y medio de habitantes, siendo generosos; no deja de ser preocupante.

Pero nuestro "faro" permanece deslumbrante y luciendo el resto de la semana las veinticuatro horas del día. Con un cartel led cuyas letras en movimiento constante no dejan de informar que **el 21% de las mujeres que abortan intentan el suicidio**. Y que podemos ayudarlas. Que elijan la vida.

Así mismo una pantalla proyecta tres videos consecutivamente sobre: las secuelas del aborto en una sobreviviente; y el desarrollo real de la vida y los órganos del bebé en el seno materno; así como una reflexión sobre lo que la sociedad se pierde al negar el derecho a la vida y el futuro de algunos de sus miembros.

Nos queda mucho trabajo por hacer y son muchas las cosas que todavía no comprendemos como por ejemplo que el Ayuntamiento permita que este **Centro Los Arcos Guadiana, este abierto cuando esta dado de alta en el listado de actividades económicas como "empresa alquiler de bienes inmuebles" y no como clínica**. ¿Por qué se quedan las mujeres ingresadas durante la noche y salen al día siguiente si no es una clinica? No lo entendemos.

Tampoco comprendemos la celeridad de algunos policías nacionales en acudir a las denuncias del abortorio; ni su celo en echarnos del lugar; cuando hemos demostrado sobradamente que tan solo estamos ejerciendo una derecho constitucional como es el de informar verazmente.

Tampoco es de recibo que el psiquiatra que firma los informes de abortos pagados con dinero público sea un alienista que fue expulsado del Hospital público donde trabajaba en Don Benito (España) por mala praxis al que se condeno (segun el BOE) a no poder trabajar para la sanidad pública NUNCA MAS.

Como hemos dicho TINIEBLAS muchas TINIEBLAS Y CRITERIOS INTERESADOS para mantener abierto un negocio nefando por encima de las leyes que otros empresarios menos "conectados" deben cumplir.

Os invitamos a dar gracias a Dios con nosotras (Círculo AMAVI) por esta magnífica obra que se ha confiado en nuestras manos y que no podrá salir adelante sin la colaboración de todas las personas de buena voluntad que comparten la visión de la dignidad humana desde el momento de la concepción hasta la muerte natural.

Iremos venciendo a las tinieblas y al mal con el bien.

Deseamos que al lado de cada abortorio y centro de exterminio prenatal se abra un centro de interpretación de la vida humana como el nuestro o similar; que ofrezca a las madres que vienen a matar a sus hijos el último bote salvavidas antes de arrojarse por el terrible precipicio del aborto. Os animamos a poneros en marcha.

11. La ultima réplica.

... está por llegar
19 de marzo de 2011 a las 11:16

Pensando en las personas y no en los bienes económicos afectados en el terremoto de Japon, me he hecho esta reflexión: ¡cuántas mujeres japonesas embarazadas, o en edad fértil no han acabado todavía su particular suplicio!

El mundo contará los ahogados, los aplastados, los desaparecidos...los radiados; pero, como siempre, los no nacidos no contarán para nadie.

Si estaban embarazadas; la opinión generalizada es que mejor aborten...para "evitar problemas"

"LOS PROABORTISTAS LLEVAN TIEMPO ESTUDIANDO CÓMO EXPLOTAR SITUACIONES CAOTICAS PARA PROMOVER EL ABORTO"
http://www.c-fam.org/publications/id.1810/pub_detail.asp
Activistas y letrados intercambiaron recomendaciones sobre **cómo explotar situaciones políticas caóticas para promover los derechos de aborto**
Durante una reciente reunión paralela de la ONU presumieron de haber aprovechado al influir y manipular sobre las nuevas constituciones de Kenia y de Nepal para que se incluyeran disposiciones que permiten el aborto legal.
«Los momentos estratégicos pueden surgir en el caos», afirmó Melissa Upreti, asesora jurídica del Centro de Derechos Reproductivos (CDR). Aconsejó aprovechar esos momentos como oportunidades para promover el aborto y los «derechos reproductivos».

En un debate informal, una asistente keniata afirmó: **«no habríamos ganado si las denominaciones cristianas no se hubiesen fragmentado»**.

Las abogadas atribuyeron su éxito a haber desunido a la oposición en otras denominaciones cristianas y a haber aislado a la Iglesia Católica como el único grupo importante en contra de un artículo constitucional que estipula derechos a la atención de la salud reproductiva y el acceso legal al aborto.

Este "**caos**" del que hablan con tanta frivolidad en la ONU, como si fuera la temperatura del agua del baño; supone para muchas mujeres un terremoto de la misma magnitud que el ocurrido en Japón.

Lo sé por experiencia, nadie me tiene que contar qué sientes cuando te plantean que tienes que abortar a "tu" hijo porque el bebé no llega a los estándares aceptados como normales. Eso sí es una hecatombe.

Así que pienso que todavía les queda por experimentar a esas mujeres japonesas y muchas otras aunque no hayan vivido un terremoto como el de Japón; la última réplica de su particular cataclismo.

Y lo peor es que lo harán solas, presionadas, abandonadas...porque seguimos siendo borregos sin opinión propia ni para este tema ni para muchos otros.

12. El sexto sello.

4 de marzo de 2014 a las 12:12

Me vuelve a llegar un correo de esos que ya puede uno considerar como Spam; diciéndome que le ayude a recordarle al PP su promesa de derogar **la Ley Aido de barra libre del aborto.**
 Aunque me resulta ya cansino voy a intentar explicártelo "amigo" que me envías estos correos basura que lo único que buscan es captar dinero.

Primero.--- La Ley Aido NO ES UNA LEY DE BARRA LIBRE. Tu la llamas así en contraposición a la Ley Gallardón, que a mi juicio es igual de mala. Pero haciéndolo así tú estás proyectando sobre las cabecitas de la pobre gente confusa la idea de que hay una ley buena y otra mala. Cuando son las dos igual de malas.

Las ilegalidades que se cometen en los abortorios, no se pueden demostrar; ni ahora ni antes... porque **aunque llames a la Guardia Civil o a la policía nacional ni vienen ni entran a verificar lo que denuncias. Tienen órdenes de sus superiores. Incluso en el caso del doctor Morin con las pruebas de los bebés en bolsas de basura y los restos en el sumidero por donde los tiraba al alcantarillado; los jueces estaban reticentes a admitir las pruebas.**

Claramente se podrían disminuir los números de abortos en España a la de iya! si hubiera voluntad.
Vigilando que se cumplan por lo menos las pocas restricciones que hay en la ley **y CASTIGANDO con todo el peso de la ley a quienes las incumplan.**
Si ya es indignante que, GOBERNANDO EL PP, sigamos con una ley socialista de aborto; es MAS INDIGNANTE TODAVIA QUE (en julio se cumpliran tres años de la promulgación de esta ley) **NINGUNA ADMINISTRACION AUTONOMICA LA APLICA EN LA PRACTICA.** Permitiendo a   los negociantes del aborto

ganar dinero infringiendo la Ley con total impunidad porque nadie vigila su cumplimiento.

Artículo 14 de la Ley Aido. Interrupción del embarazo a petición de la mujer.
Podrá interrumpirse el embarazo dentro de las primeras catorce semanas de gestación a petición de la embarazada, **siempre que concurran los requisitos siguientes**:
a) Que se haya informado a la mujer embarazada sobre los derechos, prestaciones y ayudas públicas de apoyo a la maternidad, en los términos que se establecen en los apartados 2 y 4 del artículo 17 de esta Ley.
b) Que haya transcurrido un plazo de al menos tres días, desde la información mencionada en el párrafo anterior y la realización de la intervención.

En el abortorio Los Arcos Guadiana de Badajoz. 1º.-**Se realizan abortos sin cita previa.** En el mismo día vas y sin recibir el sobre ni la información del punto "A" del articulo 14; te dan la cita para esa misma mañana.
2º.-**Se realizan abortos de más de catorce semanas sin informes médicos.** En el articulo 15 dice que podrán hacerse hasta la semana 22 si la embarazada tiene un informe médico. Vienen a abortar sin ese informe médico. Allí mismo tienen uno preparado.

LA LEY AIDO DICE QUE: A partir de la vigésima segunda semana, solo podrá interrumpirse el embarazo en dos supuestos: que «se detecten anomalías en el bebé incompatibles con la vida» o que «se detecte en el bebé una enfermedad extremadamente grave e incurable en el momento del diagnóstico y así lo confirme un comité clínico.

Ayer martes hubo un rescate (ya os lo contamos) de una madre embarazada que va a dar a luz una niña en mayo. Por lo tanto de más de 22 semanas. Venía con un papel de la Seguridad Social firmado por alguien para realizarle el aborto pero no decía nada de que el niño tuviera ninguna patología…
De no habernos encontrado en la puerta…¿le habrían practicado el aborto los negociantes de la muerte? Quizás si, no seamos ingenuos.

Cuando presentamos casos como estos a la fiscalia de Badajoz ¿sabeis lo que nos dicen ? Que como no hay aborto no hay delito. A pesar de haber rescatado a esa niña de las garras de la muerte en la misma puerta del abortorio. NO HAY DELITO.

Os lo voy a decir con cariño: El aborto es aborto ya sea del PP o del PSOE.
Es un pecado grave que ofende a Dios y que nos pasará cuentas; porque la Naturaleza no perdona nunca. Aunque Dios nos perdone, ella no. Es un asesinato en el vientre materno.
Quienes justificáis cualquier clase de aborto os hacéis cómplices de quienes manejan el aspirador o la inyección de sal o el bisturí.
Tened cuidado quienes alentáis el despiste y al doble lenguaje y no llamáis a las cosas por su nombre. Porque nuestros hijos están ahí a la vuelta de la esquina observándonos. Porque cuando las cosas se sepan, y podéis estar seguros de que vamos a ponerlo todo al descubierto; querréis meteros debajo de las piedras porque el bochorno y la vergüenza serán insoportables…
Porque ese día llegará y ¿Quien podrá sostenerse?

"Las mujeres que abortan no son enfermas mentales", ha apuntado Eudoxia Gay, presidenta de la Asociación Española de Neuropsiquiatría.
Entonces ¿porqué seguís cobrando por firmar unas sentencias de muerte para los niños basadas en la supuesta enfermedad de las madres?

El ginecólogo --que atendió el parto de los hijos del presidente del Gobierno, Mariano Rajoy-- ha recordado los inicios de los años 80. "En aquél entonces las niñas ricas viajaban a Londres para abortar". Las pobres, ha insistido, recurrían al aborto inseguro y clandestino y muchas veces eran atendidas en los hospitales por profesionales como él, que veían los efectos y la secuelas de esa realidad.

¿Usted era quien les realizaba el aborto clandestino o las atendía después? es que no me ha quedado claro.

13. Childfree.

22 de octubre de 2014 a las 23:03

El mundo tiene una obsesión contra la mujer.

Apenas hemos vencido en un campo, ya pende otra duda sobre nuestra capacitación.
Apenas hemos ganado nuestro derecho a votar y ya surge otro ámbito en el que se nos cuestiona la capacidad, la profesionalidad, la experiencia...
Debemos estar constantemente rompiendo ese techo de cristal que el mundo y la sociedad nos "encasquetan".

De nuevo en una publicación pagada con nuestros impuestos (del grupo ZETA) la mujer vuelve a ser insultada y las feministas no dicen nada.
Ha sido en el día en que conmemoramos a la mujer rural, esa que trabaja en el campo y en casa; esa de manos endurecidas y corazón enorme; roto a puro de dar cabida a todos los que la necesitan... y es tal la hipocresía de esta sociedad; que somos capaces de leer este "comistrajo" del señor Luis Alberto Moral a toda página y que no nos chirrien las neuronas.

Yo me siento afrentada.
Y la ofensa es contra una forma de ser mujer; la nuestra; la que he elegido yo; y según las últimas estimaciones **3 514 500 000 de mujeres en el mundo**. Ser madre.

En esta publicación se desprecia la elección a la maternidad del 80% de las mujeres, poniendo como ejemplos a seguir a "celebrities" segun dice el autor Luis Alberto Moral a las que ya no se les pasa el arroz porque son **"Childfree" (libre de niños)** .

Dice: "son los símbolos de una causa en crecimiento; casi el 20% de las europeas deciden no ser madres" y las llama **"HEROINAS"**.

No seré yo quien diga si el arroz se les ha pasado a estas mujeres que aparecen en su descompostura literaria. Tratar a la mujer como si fuera un plato para comer, o una cosa que desmerece con el tiempo...es más propio de quien no la respeta.

Pero si diré que para mí las autenticas heroínas no son las que mantienen su cuerpo juvenil; o su tren de vida "increible"; a costa de haber matado a sus hijos.
Las autenticas **valerosas, intrépidas y osadas heroínas** que yo conozco tienen ojeras de no dormir contemplando al amor de su vida en una cunita; y arrugas, y varices y hemorroides y canas... y una complicidad tal con esa personita que les llama mamá que parece pura magia lo que sale de ese corazón de madre.
El dolor que es capaz de soportar por amor, la imaginación que es capaz de desplegar para hacer felices a los demás, la organización y la disciplina a la que se somete voluntariamente para "llegar a todo"...es algo a lo que "sus" heroínas no alcanzan.

Que no os engañen las "celebrities" con sus brillos; son de mentira.
La joya más preciosa que una mujer tendrá colgada del cuello son los brazos de su hijo y ellas no los tendrán porque prefirieron salvar su vida y por eso la perdieron (Mt 16, 25).

14. El aborto; crimen perfecto.

20 de mayo de 2013 a las 14:28

Señora Justicia

¿Por qué iba usted a investigar un crimen donde no aparece el muerto?

¡Si no hay cadaver no hay delito!

 Eso es lo que hemos escuchado muchas veces en la tele...tantas que nos lo hemos creído; y no solo eso sino que hemos visto los torpes pasos de una justicia ebria y ciega trastabillar tantas veces ante estas afirmaciones y dejando demasiado tiempo desabrigadas a las víctimas que ya no sabemos lo que está bien y lo que está mal.

 De tantas horas sometidos forzosamente a la lobotización televisiva hemos desconectado con la realidad y nos creemos actores y protagonistas de cualquiera de esas estridentes e imposibles historias con las que nos drogamos.

EL CADAVER, EL MÓVIL, Y LA OPORTUNIDAD.

 ¿Por qué iba usted, señora Justicia; a investigar un delito donde no hay móvil?

Pero todos los supuestos que cualquier ilustrado y sapiente valido del gobierno turnante se pueda inventar; no son sino subterfugios para matar impunemente a un inocente. Intentos vanos de que los motivos por los que mato; parezcan razones. Pero tan solo se quedan en excusas.

 La Ley del aborto. Cualquier Ley del aborto que no se redacte en la línea de acabar con este genocidio solo busca una cosa: aplacar la conciencia de quien mata a un inocente. Mala solución la del médico que para curar a su paciente de la dolencia que sufre se limita a comunicarle que su enfermedad ha sido sacada de la lista de enfermedades reconocidas...

El caso señora Justicia, es que sí hay cadaver; aunque en muchos casos sea pequeño.

Incluso me atrevo señora justicia a llamar la atención de usted sobre el detalle de que ese cuerpecito es profanado pues una vez muerto es tratado como material sanitario. Añadiendo delito tras delito a estas fábricas de consumar finados que son los abortorios.

No se puede tratar igual a las personas que a los materiales.

¿Ve señora Justicia? Hay fallecido (aunque sea pequeño) Hay móvil (que este ser humano me incomoda) aunque pueda disfrazar esa motivación de casi cualquier cosa, haciendo parecer el acto de matar incluso misericordioso. Y también hay oportunidad. Usted se la está proporcionando.

Usted señora Justicia se ha convertido en un lecho cálido y moldeable donde cualquier delincuente puede descansar adaptando sus actos o disimulándolos. Sus redacciones de las leyes son tan farragosas, sus aplicaciones tan lentas, sus interpretaciones tan flexibles...

El **asesinato** (también denominado **homicidio calificado**) es un delito contra la vida humana, consiste en matar a una persona concurriendo ciertas circunstancias, tales como: alevosía, precio, ensañamiento, aumentando inhumanamente el dolor del ofendido.

- Alevosía: consiste en el empleo de medios, modos o formas en la ejecución que tiendan directa y especialmente a asegurarla, sin riesgo para el agresor que proceda de la defensa que pudiera hacer la víctima o con la búsqueda consciente de que el delito quede impune.

- Son casos de alevosía aquellos en los que se aprovecha la particular situación de desvalimiento e indefensión del agredido, cuando la ejecución es súbita e inesperada, por sorpresa, o cuando se hace mediante acechanza, apostamiento, trampa, emboscada o celada.

- Precio: esta circunstancia tiene un carácter ineludiblemente económico. No es necesario que la contraprestación económica sea previa a la comisión del hecho delictivo, ni que se verifique objetivamente (caben casos de fraude). Lo importante es que el sujeto activo cometa el hecho movido por esta *intencionalidad económica*.

- Ensañamiento: aumentando deliberada y de forma inhumana el dolor del ofendido. El ensañamiento se aprecia tanto por la intención, como por el objetivo resultado de incrementar el dolor del agredido, y por ello excluye actos realizados sobre el cadáver con posterioridad a la muerte de la víctima (que podría constituir otro delito diferente, como es la profanación de cadáver).

Cómo nos gustaría a los muertos por aborto y a mí que la justicia compusiera un marco fiable donde poder sentirse protegido y donde poder vivir respetando y siendo respetado. Pero lamentablemente los indicios nos llevan a pensar que en el tema del aborto el delincuente se ha salido con la suya y ha encontrado la manera de llevar a cabo el CRIMEN PERFECTO.

Sin embargo sigo confiando en usted señora Justicia. Confío que un día vuelva a entender que usted está para servir al bien común.

Un David moderno con sus cinco piedras contra Goliat

15. ¿En qué podemos ayudarte?

MARGARITA CABRER ESTEBAN·MIÉRCOLES, 25 DE MAYO DE 2016 31 veces leída

¿Cual es la labor del Circulo AMAVI y que actividades se llevan a cabo?

Circulo AMAVI es una asociación constituida en 2013 a la vista del nulo apoyo existente en España alrededor de una madre embarazada y en dificultades socioeconómicas.

Otras asociaciones ofrecen ayuda asistencial una vez que el niño ha nacido. Incluso las hay que acogen a la madre y a su bebé durante un tiempo en casas de acogida.

Pero nosotras nos hemos encontrado con casos de madres gestantes con hijos mayores; casos de matrimonios durmiendo en la calle y con otro niño pequeño de tres años; casos de menores que sostenían a su familia con la pensión alimenticia que cobraban y que se vieron amenazadas si no abortaban…etc.

Nosotras les preguntamos en qué podemos ayudarlas. Que necesitarían; que cambiaran en sus vidas para no abortar a ese hijo. Y en la medida de lo posible se lo facilitamos. Rescatamos aproximadamente seis bebés al mes. Toda una alegría, un triunfo para la vida; 72 al año; 720 bebés en los más de diez años que llevamos haciendo rescates en la acera de la calle en la que está ubicado el abortorio.

Cifra insignificante si la comparamos con los que acaban muriendo.

¿Cuáles son nuestros objetivos?

A corto plazo el objetivo más visible y gratificante es que ese niño nazca. Su madre es feliz; las cosas después del parto no son tan terribles como en un principio ellas habían imaginado y casi todo vuelve a su cauce. La alegría que produce el niño recién nacido y la madurez que experimenta la madre repercute en su entorno positivamente. El aborto daña gravemente la salud psicológica de quienes lo promueven y por tanto daña la sociedad en la que se consiente.

A largo plazo intentamos que esa madre recupere el control de su vida y de sus decisiones. La apoyamos en un crecimiento madurativo. La asesoramos profesionalmente en los aspectos de su vida que quiera cambiar. Tenemos un gran equipo de profesionales que voluntaria y gratuitamente ofrecen unos servicios y consejos a los que ellas no podrían tener acceso de otra manera.

Estamos pendientes de ellas semanalmente con un servicio asistencial en el que hemos comprometido a toda la ciudad que dona generosamente los artículos de segunda mano que estas familias necesitan. Pero poco a poco vamos fomentando su autonomía (de padres y de parejas) incluso de la propia asociación, hasta que ellas van distanciando cada vez más las consultas y dejan de necesitarnos.

En España, tras la última modificación de la Ley del Aborto, las menores tienen que contar con el permiso de sus progenitores o tutores legales para poder abortar. A algunos políticos les parece que facilitar el aborto a una menor es hacerle un favor, no entienden que NO SE PUEDE SACAR AL HIJO ENGENDRADO DE LA CABEZA DE UNA MADRE; Y QUE ESTA ES Y SERA MADRE PARA SIEMPRE.

Ofrecer este tipo de facilidades, junto con el acceso fácil e irresponsable al sexo les parece que les va a ganar la simpatía y el voto; pero lo que una mujer quiere cuando está embarazada en tener a su hijo. Y cualquier otra cosa es un fracaso del sistema socio-sanitario y del país entero.

En el trabajo a pie de calle que la asociación desarrolla desde hace más de diez años NO nos hemos encontrado a ninguna adolescente que quisiera abortar y tuviera que vencer la oposición de los padres, pero sí al revés. Y ha sido muy duro ver como niñas de trece o dieciséis años entraban arrastradas por sus padres al Centro de Exterminio Prenatal.

Hemos presenciado escenas desgarradoras en las que los novios también menores se quedaban llorando en la puerta porque no les dejaban entrar con su pareja y asistían al asesinato de su hijo sin poder hacer otra cosa que llorar; a pesar de que **en España el artículo 7.3 de la ley de enjuiciamiento civil faculta a todo padre a impedir judicialmente el aborto de su hijo.**

La ley Aido concedía la última palabra a la mujer ya tuviera 13; 20; 28 u 88 años. **Pero tampoco en estos casos la ley se respetaba.** Muchos abortos realizados en centros legalmente autorizados han sido perpetrados de forma ilegal porque los informes psiquiátricos fueron simples trámites legales que ocultaban una decisión previa de los padres para que el embarazo de su hija no se interpusiera en su vida académica y su futuro profesional.

Al pensar en "los casos en los que existe violencia familiar" me viene a la mente el caso reciente de una menor que vino a abortar embarazada de su hermano. En lugar de investigar una supuesta violencia familiar y abuso sexual de la menor por parte de sus familiares; se perpetro el aborto y se silenció el caso. El abortorio no interpuso una denuncia para que se abriera una investigación.

Otro caso que hemos vivido menos reciente, pero más común es el caso en el que el hombre no quiere que su "familia principal" se entere de que tiene una segunda familia (este caso de apariencia cinematográfica es más común de lo que se puede pensar) y la venida de un hijo, con esta esposa "de segunda" le complica la farsa al individuo. El la trae a abortar obligada y amenazada y en muchos casos con un síndrome de indefensión aprendida.

Familias gitanas que traen a sus niñas embarazadas de un gitano de otro clan a abortar bajo amenaza de muerte…discapacitadas intelectuales traídas por sus tutores legales…etc.

En ningún caso hemos sabido que estos hechos se hayan llegado a investigar a pesar de que en los centros donde se realizan abortos la mujer pasa por una entrevista con un asistente social y por otra con un psiquiatra para asegurar que toma la decisión libremente.

Y si esta información comprometedora nos ha llegado a nosotras en una breve conversación en la puerta del centro; suponemos que en una entrevista en profundidad también habrá llegado al conocimiento de quienes tenían obligación de denunciar posibles abusos.

Nuestra opinión como asociación es que ninguna ley que solo restrinja el aborto será buena porque siempre habrá una rendija por donde violarla. Y en esos casos mencionados anteriormente se trata de la vida de un ser humano, ciudadano español (país en el que no existe la pena de muerte) condenado a la pena de muerte siendo inocente.

Desde el 85 existen leyes que regulan el aborto en España y lo único que se ha conseguido es un efecto llamada. Todas las estadísticas apuntan a un aumento progresivo del aborto. Incluso existe un turismo de aborto que tiene como objetivo de las embarazadas europeas a España país en el que la legislación vigente no está siendo aplicada. Igualmente esa laxitud en el cumplimiento de las leyes ejerce una poderosa atracción sobre las señoras ya entradas en años que, siguiendo las últimas modas; desean quedarse embarazadas a los sesenta. Acuden a los centros de fecundación in Vitro españoles cuando ya han sido rechazadas en sus países de origen.

En julio del 2014 una sentencia favorable nos permitía estar dando información en la puerta del abortorio, como nosotras queríamos.

Como asociación y personalmente hemos interpuesto varias denuncias por agresiones que fueron contestadas inmediatamente por el personal y trabajadores del centro con sendas contra-denuncias (en todos los casos falsas) que hemos tenido que sustanciar en los tribunales. . Lo que no impidió que en diciembre del mismo año fuéramos nuevamente agredidas físicamente. Estamos pendiente de juicio por este hecho. Denuncias falsas, multas, pagos a abogados. Un autentico calvario.

Pero todas las rescatadoras somos madres y ninguna artimaña va a hacernos desistir de defender a nuestros hijos y jóvenes del abuso que supone aceptar el aborto en la sociedad en la que ellos se eduquen.

El aborto un fraude y un negocio

El número de abortos en menores en España se desconoce. No existen estadísticas de los abortos realizados, ni datos recientes del Ministerio del Interior. En la mayoría de los centros los abortos se pagan en metálico; con dinero al que fácilmente se le pierde la pista. Se niegan sistemáticamente a cobrar con otro medio de pago. Así eluden más fácilmente sus obligaciones con Hacienda.

Tampoco es cierto que los jóvenes usen anticonceptivos; de hecho no los usan. Y no es porque les falte información al respecto. Es una práctica habitual entre ellos. En nuestras entrevistas con chicas embarazadas nos cuentan que ellos las presionan a no usar preservativos como una "prueba de amor". De todos modos entre los adultos que si los usan a más del 25% les falló el condón, según un reciente estudio de la prestigiosa Universidad de Navarra.

Las chicas que toman la PDD con las que hemos hablado nos confiesan que no la toman "el día después de tener relaciones" sino después de saber que están embarazadas es decir al mes siguiente; incluso algunas la toman al verse rechazadas por el padre de la criatura que no admite su responsabilidad en el embarazo.

La PDD actúa como abortivo irritando la pared del útero y no permitiendo que el óvulo ya fecundado se adhiera.

Después de haber escuchado muchas historias diferentes de muchas personas diferentes hemos llegado a la conclusión de que las relaciones sexuales tempranas están motivadas entre otras circunstancias; por la hiper sexualización de la sociedad. Estamos asistiendo, sin que nadie parezca darse cuenta, a una supresión de la fase "infancia" de los individuos.

Las relaciones de riesgo no son exclusivas de los jóvenes muchos adultos siguen practicando la marcha atrás como método anticonceptivo.

Los jóvenes experimentan un agotamiento sensitivo. Han saltado etapas en las relaciones humanas (también las sexuales lo son) y han llegado a la práctica del sexo físico sin haber explorado otras facetas de las relaciones como la amistad, el compañerismo, el amor altruista...etc. Las relaciones de riesgo no son más que "mucha cantidad" en lugar de "buena calidad".

Lamentablemente el sexo sigue siendo una cuestión "tabú" en casa. Muchos padres creen que hablar de relaciones de pareja es solo hablar de genitalidad y les da vergüenza tratar estos temas con sus hijos adolescentes. Renuncian al derecho que les asiste como padres de intervenir en esta faceta de la educación de sus hijos y delegan esta responsabilidad a veces en manos de asociaciones de pervertidos que con buena prensa y mejor propaganda se han infiltrado en los colegios a dar charlas de afectividad, sexualidad etc.

Creemos que el tema sexo, amor, matrimonio; debería ser tratado por los padres cuando los niños son todavía niños. Y hablar con ellos con naturalidad satisfaciendo sus preguntas y colmando su curiosidad sanamente y de forma progresiva (no hace falta hablar todo de todo en la primera conversación) en vez de eso se crea un silencio alrededor del tema que va a dificultar enormemente una conversación natural cuando los chavales sean adolescentes.

Nuestra asociación Circulo AMAVI contempla como uno de sus objetivos fundacionales el impartir en centros educativos charlas e información basándonos en la visión del cuerpo humano de JuanPablo II. En España en los IES está vetada la entrada a algunas asociaciones concretas como la nuestra y estos espacios son exclusivos de asociaciones ideologizadas.

Los embarazos no deseados no vienen por la ignorancia; vienen por la práctica del sexo cuando no se pueden proporcionar las circunstancias que harían que ese embarazo fuese deseado. No existen los niños no deseados. Existen las circunstancias no deseadas (paro, abandono, abuso...)

Ningún joven de hoy desconoce la existencia de métodos anticonceptivos. Y ellas tampoco desconocen el riesgo al que se exponen si se quedan embarazadas; pero en la balanza de pérdidas y beneficios estiman que no pasará nada porque creen tener una "goma mágica de borrar errores". Viven en un mundo que justifica y comprende que no asuman responsabilidades por sus acciones.

Lo que ocurre muchas veces es que; aunque la sociedad te excuse y las leyes te excusen e incluso te justifiquen; **matar es algo que va contra la naturaleza humana y muchas personas no lo superan.** El 21% de las madres que abortan intentan suicidarse (son datos del ministerio del interior)

La educación en valores debe ser impartida en casa porque es la primera escuela en la que el niño va a socializarse. Pero debe ser contemplada también en la escuela porque es la segunda casa que el niño va a tener durante mucho tiempo hasta que llegue prácticamente a su vida adulta.

La información sexual que se imparte en las aulas está enfocada simplemente a la genitalidad. En muchos casos es impartida por personal NO profesional, que con buena voluntad pero con pocos conocimientos biológicos hacen de las charlas de educación sexual un alegato ideológico y adoctrinante.

Grandísimos profesionales nos avalan y apoyan.

Son muchas las personas que nos apoyan con su generosidad dándonos cosas usadas, contribuyendo a publicitar nuestra labor. También contamos con un equipo de profesionales ginecólogo, psicólogas, médicos generales, abogados...etc que nos asesoran y apoyan.

Cuando nos encontramos con un caso de "alto riesgo" no dudamos en llevar a la madre a la consulta para que sea atendida de inmediato. En el siglo XXI la cirugía prenatal y la cirugía en general han avanzado de tal forma que se puede operar incluso dentro del útero de la madre y no existen circunstancias en las que la vida de la madre esté en peligro por culpa de llevar a término un embarazo. Las madres a las que brindamos estas consultas salen, contentas, tranquilizadas, animadas.

Puede ocurrir que la vida de la madre este en riesgo por otra causa; y que a la vez concurra el hecho de estar embarazada. Todos conocemos casos en los que la madre ha tenido que decidir entre aplicar una terapia contra el cáncer ya; o esperar a tener el bebé. O casos de septicemia etc. Es muy diferente el hecho de provocar un parto prematuro con idea de poder seguir tratando a la madre de su enfermedad; o provocar la muerte del bebé para seguir tratando a la madre de su enfermedad. En ningún caso parece lógico matar a uno para salvar al otro.

Informar como queramos y denunciar si nos parece oportuno.

El aborto es el mayor signo de hipocresía de la sociedad actual y un gran negocio. Por eso nos constituimos en asociación para poder acudir a la puerta del abortorio o interponer las denuncias que nos parecieran oportunas. Libertad que otras asociaciones no tienen por depender de fondos públicos. Nosotros tenemos lo que buenamente podemos aportar.

Nos propusimos abrir un local al lado del abortorio para que día y noche estuvieran los carteles y un video pasando películas e información sobre el aborto y las madres pudieran ser advertidas aun cuando no estuviéramos físicamente en la puerta y lo conseguimos.

Llevamos algo menos de dos años y vemos peligrar el proyecto por falta de fondos. Pero la labor de rescates de Circulo AMAVI en la puerta del abortorio no va a parar, tengamos local o no.

Mientras una de nosotras siga acudiendo allí seguirá vivo nuestro legado: Ofrecer ayuda integral a la mujer embarazada en riesgo de exclusión social, y salvar al bebé.

16. A las madres que han abortado hoy.

A las madres que han abortado hoy. Os estamos esperando.

Poema de la luna luna negra y de sangre
6 de mayo de 2014 a las 17:07

¿Cuándo se cambio en luna negra y sangre la dulzura de tus ojos compañera?
¿Cuándo tus risas se volvieron puñales?
¿A quien pediste permiso, mujer; para vender nuestra alegría?
¿Y a dónde fue a parar el duende que guiaba tus pasos y me seducia a besos?

¿Cómo quieres que me ría esposo mío?
Ya no suena la lluvia,
las nubes no me ponen caras,
ya no encuentro flores que ponerme en el pelo...

Tu ya no eres mi palafrén, valiente.
No eres mi roca y mi ciudadela;
ya no caminas tras mis pasos, vagas demente, delirante y excéntrico;
buscando, escarbando...
No busques más.

Nuestro hijo ya no duerme con nosotros
ya no crece en mis entrañas. Tu me lo arrancaste, yo me lo arranqué,
y dejamos que se lo llevara el agua, río abajo.

¿Cómo quieres que me entregue esposo mío?
Ya no importa que la lluvia suene.
Ya no importa que las nubes tenga forma.
Me arranque el cabello para no ponerme flores...

No busques más,
cuando matamos a nuestro hijo;
nuestra vida se quedo atrás.

17. Aborto a la hora del recreo.

27 de mayo de 2014 a las 13:39

Hoy han venido al abortorio dos adolescentes de unos 17 años.

Ambos llevaban las mochilas del Instituto y han aparecido solos sin los padres A LA HORA DEL RECREO.

Ella estaba descompuesta, con el cabello enmarañado, apenas 50 kilos de nula voluntad. A él no le resultaba difícil dirigirla hacia la puerta.

Aunque no tenía mucha más edad que ella; se le veía que había meditado a fondo lo que le estaba sucediendo.

¡Ahora!, se habrá dicho esta noche; precisamente AHORA a final de curso, con la universidad esperando a la vuelta de la esquina...y tantos botellones por vivir todavía.

Me imaginaba la cabecita de ella; esa criatura de 17 añitos. Ni una sola de las fantasías que soñaron juntos había resistido. Todos sus pensamientos rotos pasarían por esa cabecita uno detrás de otro.

Para él era diferente: El sexo a esta edad en los chicos simplemente es un "comprobar que la maquina funciona" pero **estas niñas...**

Habrá pensado él; **"Es que tienen que tomárselo todo a la tremenda y !quedarse embarazada!"**

Como si el día que mantuvieron relaciones, él no hubiera sido consciente del riesgo que contraían.

He pensado mucho sobre esta parejita mientras rezábamos por ese y los otros bebés que hoy han muerto en Badajoz (hasta 30).

He pensado también en los padres de esa muchacha; en su madre cuando esta noche no sepa cómo consolarla y se canse de decirle que no pasa nada si suspende alguna asignatura.

Y la niña no deje de llorar desconsolada porque no son las asignaturas suspensas las que le duelen; sino la vida "suspendida" ya sin remedio de su hijo al que ha matado esta mañana a la hora del recreo.

Querrá contárselo a su madre; pero ya compartirlo no le devolverá al bebé ni le sanará el corazón roto para siempre. Así es el aborto: una violación contra los derechos más íntimos de la mujer, o de la niña (17 años)

Los padres seguimos quedándonos para lo mismo: **parirlos, darles de comer y pagarles los estudios...pero su voluntad y su corazón adolescente los robáis con falsas ilusiones, mentiras y vanas promesas de placer sin compromiso; vosotros los políticos demagogos y total solo para que os voten cada cuatro años.**

18. Cruz roja y circulo AMAVI.

22 de febrero de 2013 a las 11:56

La Cruz Roja ha considerado RECHAZAR (*y con ello nos excluyen de cualquier posible ayuda*) **a Círculo AMAVI entre las asociaciones que realizan "ayuda social" porque dice que "intentamos cambiar el pensamiento de la gente".**

Tengo que reconocer que bien pensado tienen razón.
Intentamos cambiar los corazones de piedra en corazones de carne que respondan a la llamada del amor.

Por eso seguramente y ,a pesar de que nuestra labor levanta admiración en todos los ámbitos donde nos conocen, no se nos ha evitado el paso por la cruz, la incomprensión e incluso el desprecio y el rechazo de algunas personas.
Bueno, ¡es lo que hay!
El hombre no es solo economía y si intentamos reducir a la sociedad civil a una simple cuestión de "gestión de impuestos" nos estamos equivocando. Dice Benedicto XVII que Jesús no vino a lograr consenso. El mismo Jesús dijo en una ocasión que no había venido "para" acabar con la pobreza.

Nosotras no constituimos la asociación Circulo AMAVI para repartir cosas de bebés de segunda mano (que lo hacemos); Ni para acompañarlas al ginecólogo, o a los servicios sociales o escolarizarles a los niños... (que lo hacemos) Ni para llevar leche maternizada, potitos, pañales, cereales, toallitas...a las mamas (que lo hacemos) Ni para buscar condiciones dignas de vivienda, trabajo a los miembros del nucleo familiar de la mujer embarazada (que lo hacemos)

Círculo AMAVI nació para ayudar a la mujer embarazada de forma integral : fisicamente, mentalmente; pero también espiritualmente.
Porque si Dios no construye la casa en vano se cansan los albañiles.

19. Heroes de cuatro semanas.

11 de mayo de 2015 a las 14:32

Vengo del centro de exterminio prenatal de Badajoz como cada lunes; y sé que estáis esperando que os cuente cómo van las cosas.

Sois muchos los que rezáis por nosotras y que os alegráis cuando compartimos que hemos tenido un rescate.
Hoy no ha podido ser.

Pero quería contaros algo que me ha impresionado: **La historia de un bebé muerto allí hace unos años, contada por su mama entre lágrimas de arrepentimiento.**

A veces en nuestra soberbia pensamos que Dios tiene que hacer las cosas como le decimos nosotros y que cuando no hay ningún rescate, es como si Dios no estuviese escuchando.
¡Claro! es difícil aceptar que Dios tienen sus planes; y que se cumplirán incluso por encima de nuestros pecados.

Nuestro héroe se llama Miguel Angel y murió con cinco-seis semanas aproximadamente.
No hubo sitio para él; no ya en la posada de Belén, no hubo sitio para él en todo el mundo.

Digo que se llama porque, no vayáis a creer que cuando uno muere deja de ser o de sentir.
Somos criaturas de Dios; hechos hijos de Dios por voluntad suya con el bautismo de sangre, de la sangre de Jesús.

Por eso debéis saber que cuando uno muere su cuerpo de carne se va descomponiendo.

Pero como no es solo en la carne donde sentimos; **esa parte de nosotros que "también siente" nuestra alma**, sigue experimentando aquello para lo que la hayamos preparado: si vida eterna, vida eterna; si dolor y muerte, dolor y muerte eternos.

Nuestro pequeño héroe tiene un lugar privilegiado cerca del trono de Dios; bautizado por su madre como Miguel Angel, cada vez que repite su nombre grita la pregunta que San Miguel hizo a las huestes rebeldes: ¿Quien hay cómo Dios?

Y ella, arrepentida, contesta todas las veces que piensa en su pequeño héroe: "Nadie hay como Dios ; nadie hay que pueda hacer las cosas como las que hace Dios"

Nuestro pequeño Miguel Angel se ha colgado del cuello de su madre para siempre y su recuerdo le lleva a entregarse cada día más y más a Dios buscando hacer su voluntad.

Ella me contaba llorando que tenía tantas ganas de amarlo.... que tenia tanto amor para darle....

Volverán a estar juntos, no me cabe la menor duda.

20. Don Manuel y una familia rescatada.

Don Manuel es tan cercano, tan amable y "dicharachero" que las mamas que han abortado o que buscan la paz de la confesión por siquiera habérselo planteado son sanadas de sus heridas después de recibir el sacramento.

Apenas comienzas a hablar con él te das cuenta de que no te habla desde su persona sino en nombre de Alguien mayor. Desaparece el ser humano y te encuentras en una conversación que algunas veces se me representa como la que debió de tener Jesús con la adúltera a la que estaban dispuestos a apedrear; o con cualquier otro pecador. "Anda y no peques mas" y se van con el gozo de quien estrena corazón.

Cuánto bien hace un sacerdote en las cercanías de un centro de exterminio prenatal.

Tenemos que darle las gracias al Señor Arzobispo que fue sensible a nuestras peticiones y supo poner el cesto donde estaban cayendo las manzanas. Así ninguna se perdió.

21. Hoy me han pedido que valore...

una buena Ley de aborto

Hoy me han pedido que valore, para una radio local el discurso de(un político de derechas) Monago sobre el consenso necesario que él cree debería tener una buena Ley de aborto.

Yo les he dicho que según mi punto de vista, que es el de quien ve a las madres venir a abortar cada semana, su discurso era DESPRECIABLE.

Yo creo que una buena Ley que pretende porteger algo debe observar medidas disuasorias para quienes la incumplan.
En la nueva Ley ni siquiera les vamos a dejar a las madres que han abortado el consuelo de llorar su pérdida; porque ya les hemos dicho que no son culpables de nada.

Cuando experimenten el síndrome postaborto en forma de intentos de suicido, desprecio propio, pesadillas, dolores de cabeza...nadie les sabrá dar razón de lo que les pasa. Ya hemos decidido que no les pasa nada. Y punto.

Pero esto no lo han hecho mirando por la madre...esto proporciona al varón (novio, padre, amante, marido) que quiere deshacerse del bebé la herramienta perfecta para matar sin dejar huella. Yo los he visto meterlas a empujones y gritar a la mujer embarazada que se resistía en la puerta del abortorio Los Arcos Guadiana.

Yo creo que una buena Ley sobre el aborto pasa por erradicarlo por completo dando alternativas a las madres para que tengan a sus hijos y si no quieren comprometerse con su educación y crianza puedan darlos en adopción a otros padres que encantados les proporcionaran el amor que hoy esa madre no puede.

El aborto es un problema no una solución. Es un drama porque lo que se mata es una persona viva.

Las mujeres extremeñas, las de raza y coraje, las de manos rudas y también las de pluma ágil, las de tez quemada por el sol y cara arrugada por la soledad de esta inmensa tierra no necesitamos su consenso señor Monago. No necesitamos ni siquiera su aprobación para parir a nuestros hijos.

Las madres que vienen a abortar y aceptan nuestras ayudas teniendo al fin a sus hijos, puede que acaben siendo despedidas del trabajo, o puede que terminen siendo sutilmente excluidas del grupo de las "supermegapijas" que usan la talla 38, o puede que acaben no reconociéndose al mirarse en un espejo por la ojeras y los pelos que te deja una noche sin pegar ojo junto a la cunita de tu hijo pero todas, todas están ETERNAMENTE AGRADECIDAS

Las leyes naturales son imposibles de sojuzgar.
Matar a nuestros hijos nos destruye y eso usted no lo ha tenido en cuenta en su discurso.
Por eso SU DISCURSO es despreciable.

22. La otra manifestación.

16 de marzo de 2015 a las 13:20
"PSOE y PP la misma mierda es".

Lo primero de todo decir que a una manifestacion se va a manifestar algo.
No es una marcha, no es una convivencia aunque se pueda convivir y marchar; y tener un dia de asueto con la familia en el parque del Retido de Madrid.

Yo no fui a insultar a nadie pero fui a expresar mi opinión.

Y mi opinión es contraria a las politicas que los ministerios de sanidad (del PP y del PSOE) estan llevando a cabo con el dinero de todos los españoles.
Por eso me siento muy **MUY LEGITIMADA** a exigir cambios radicales.

Usted (próvida de sillón) me dice que a la hora de votar me fije en si tal o cual candidato defiende la vida...yo me fijo en que tal o cual candidato siguen con el culo pegado al sillon a pesar de que su partido hace lo que ellos "detestan"... por eso se vuelven DETESTABLES igual que su partido.
Hay una diferencia entre usted (próvida de sillón) y yo: Yo no voy contra las personas, voy contra las politicas que hacen las personas.

JAMAS ESTARIA EN UN PARTIDO POLITICO QUE HICIERA ALGO EN CONTRA DE MIS PRINCIPIOS CRISTIANOS.

Ni por ayudar a mis hijos, ni por dejarles un puesto de trabajo seguro, ni por evitarles un sufrimiento (sobre todo si ese sufrimiento les va a hacer madurar)

Estamos en una época de la historia de España en la que necesitamos héroes y radicales ¿y usted nos invita a ser mediocres? No cuente conmigo.

Hubo "otra manifestacion" y fue paralela al pasteleo que todos vimos por la pantalla de Alcalá.

Yo portaba una pancarta con un niño de 20 semanas destrozado en un aborto.

La gente que marchaba en la manifestación se adelantaba para verme.

La gente que estaba en las aceras mirando se acercaban a fotografiarme.

Fueron mas de tres periodistas los que me entrevistaron (aunque dudo que veamos publicadas en algun sitio sus notas)

A todos les dije lo mismo: **EL ABORTO DEBE DE SER INCLUIDO DE NUEVO EN EL CODIGO PENAL COMO LO QUE ES;UN ASESINATO.
MEDIA PREMEDITACIÓN, UN SICARIO QUE LO EJECUTA, UN MOTIVO, Y DINERO...Y HAY ALEVOSIA PORQUE EL NIÑO NO PUEDE ESCAPAR.**

La gente nos felicitaba por decir claramente que el aborto mataba igual fuera socialista o popular.

Hubo OTRA MANIFESTACION señores organizadores. Aunque quizas ustedes no la percibieron porque sus ojos se desgañitaban buscando caras conocidas del PP que no estuvieron.

Desde aqui invito a los "artificieros"del movimiento pro-vida del PP , a que **RECAPACITEN**.
Dejen de mojarnos la polvora a las asociaciones privadas que sí apoyamos a las madres; y que nos jugamos el tipo frente a los abortorios.
Dejen de "desactivar" y "neutralizar" a quienes nos jugamos la honra apoyando a las madres.

Lideren; si ese es su gusto, el fin del aborto. No enquisten el tema para poder seguir sacando beneficios del trapicheo institucional. Eso o aténganse a las consecuencias.

23. Hay que mostrar la verdad...

En las manifestaciones próvida realizadas en España en algunas ocasiones nos hemos visto ninguneados por un sector de falsos activistas pro vida que rechazan el uso de imágenes explícitas de abortos. Bajo la excusa de que estas imágenes pueden volverse contra el propio próvida y grangearnos la enemistad de parte de la población.

Han llegado incluso a resultar agresivos y protagonizar escenas desagradables; y no es solo que haya una diferencia de criterio en el enfoque de la lucha. Es la propia falta de lucha de estas personas la que nos lleva a denunciar y a separarnos de sus consignas.

El aborto no es una broma, no es una fiesta, y dar saltitos y cantar canciones pegadizas no es el objetivo final. El fin del aborto es el objetivo final y para ello hay que mostrar la realidad de un aborto.

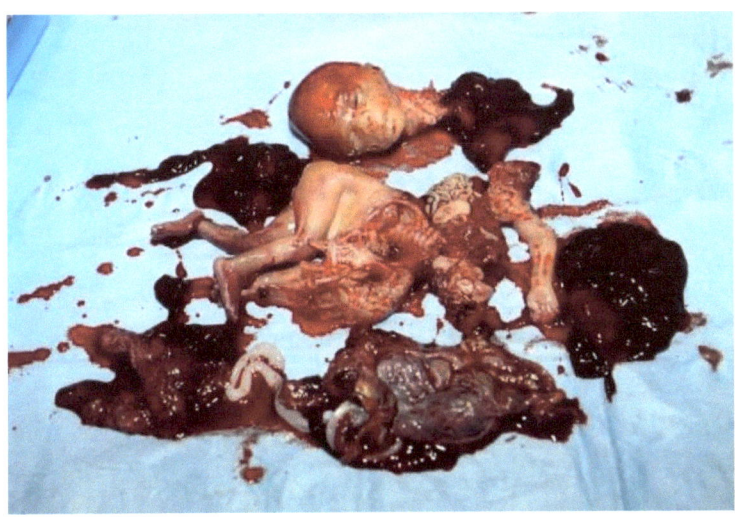

El movimiento pro-vida se ha visto secuestrado por quienes quieren utilizar una fuerza natural que nace con espontaneidad como es la defensa del no nacido; para sus propios intereses partidistas.

Neutralizando las iniciativas que parecen demasiado radicales y adoptando el papel de dinamiteros. Su especialidad es la voladura controlada de todo tipo de espontaneidad, alejando a la gente de bien de la realidad.

Por eso hay que mostrar la realidad del aborto. Porque en un aborto se mata a una persona y a la otra se le destroza la vida.

Si no fuera eficaz mostrar imágenes explicitas ¿Qué sentido tendría mostrar a los refugiados en las barcazas? ¿o a los niños desnutridos de Africa? Son eficaces y ponen el dedo en la llaga del negocio del aborto.

24. La letra Escarlata.

18 de febrero de 2014 a las 15:06

Siempre te suscita curiosidad ver a los acompañantes, y cómplices por tanto de las madres que vienen a abortar.
¿Qué les va en esto? ¿Son sus padres? ¿Son sus maridos? ¿Qué están pensando?

Algunos acompañan a la mujer con todo un repertorio de tiernos gestos muy bien estudiados... desde que se bajan del coche hasta que ella cruza el umbral de la puerta.
Después sus rostros, los de ellos; se relajan y con un pitillo entre los labios se van a tomar una cerveza al bar de enfrente.
Para algunos de los padres el aborto es una verdadera liberación. Para otros no, también los he visto llorar a ellos.

¿Qué pasará por la cabeza de la mujer que viene a matar a un ser humano con tanta premeditación?

Hoy me ha llamado la atención una señora que traía a una jovencita y no la ha dejado que nos escuchara. Ella quería oír lo que teníamos que decirle, pero su madre después he sabido que lo era, no la ha dejado escuchar y la ha introducido rápidamente en el abortorio.
A lo largo de la mañana ha salido con rostro preocupado en varias ocasiones, deambulaba por la acera fumando con gesto nervioso y la he visto llorar.

Se ha alejado hasta la esquina donde daba un poquito el sol. En la puerta del abortorio hace un frío que hiela los huesos. Y cuando, después de un rato, se dirigía de nuevo dentro del matadero la he abordado y le he preguntado: **¿No crees que con el frío que hace en la puerta, yo no estaría aquí si no creyera de verdad que lo que le estás haciendo a tu hija va a tener**

consecuencias terribles para ella y para ti? Estoy aquí para ayudaros.

Sí, ya lo sé, me ha dicho; pero yo fui madre soltera y lo he pasado muy mal. No quiero que ella sufra lo mismo. Tienes que ir con una "A" de adultera en la frente, delante de todos.

¿Acaso te arrepientes de haberla tenido a ella? Le he dicho yo.
 Lo que le va a pasar ahora será mucho peor. Los síntomas de un síndrome post-aborto son comparables a los que sufre un soldado cuando vuelve de luchar en una guerra. Pesadillas, inadaptación, traumas psicológicos, agresividad...intentos de suicidio.

No quiero que sufra como he sufrido yo, me ha respondido. Es una niña y lo que tienen que hacer los niños es...

No encontraba las palabras y yo se las he puesto en la boca: **Vivir** le he dicho; **lo que tiene que hacer un niño es vivir**. Pero vivir es sufrir y aprender de los errores, le he añadido.
Ella ha bajado la cabeza y se ha metido dentro.

La letra "A" escarlata que tenían que llevar en el pecho las madres solteras significaba adultera. Y según nos quería mostrar la famosa novela; era más loable la actitud de la madre que salía adelante con su hijo que la de la sociedad que hipócritamente la señalaba con el dedo.

No entiendo esta sociedad que pide respeto para quienes practican sexo con niños, con animales etc como una opción más; pero **no se escandaliza de que se mate a una persona para evitarle la vergüenza a otra.**

No entiendo a esta sociedad que se perturba porque una madre o un padre rechacen la homosexualidad de su hijo y no ve contradicción en que esos mismos padres **rechacen el embarazo de su hija.**

No quiero formar parte de una sociedad que no quiere que a sus jóvenes se les estigmatice con una "A" de adúltera en la ropa pero no tienen problema en que lleven una "A" de asesina en el alma.

25. Mata a su hijo porque le producía vómitos.

10 de julio de 2013 a las 17:16

Ayer leía una noticia: **la Junta de Extremadura, era denunciada y acusada por una asociación "pro life"**

Ya os conté ayer lo triste que estaba por haber escuchado en la puerta del abortorio de Badajoz; argumentos tan peregrinos como que los vómitos que se suelen experimentar al principio de un embarazo traían a abortar a una mujer que abortó; y que además lo hizo en contra de la voluntad de su marido, según este mismo nos explicó.

Pero la asociación en cuestión no defiende la vida de seres humanos sino la de pájaros; y el muerto defendido no era un homo sapiens sino un pollo de cigüeña negra.
El pobre se habría ahogado por el volumen de agua inusual de junio; que inundó su nido.

A pesar de su **"animalidad"** el pollo de cigüeña negra consiguió lo que no alcanzó el hijo de Flori (así nos dijo que se llamaba) **que alguien se indignara por la mala gestión que le provocó la muerte.** Nadie se indignó por el mal gobierno y la nefasta interpretación de una Ley que permitió a un mujer adulta matar a un bebé indefenso porque le provocaba vómitos.

Cuántas cosas se podrían hacer para que este antro de muerte se cerrase.

Al estilo de otras ciudades cuyos **Ayuntamientos ponen extremo cuidado en que se aplique TODA la legislación antes de dar permisos para que estos negocios funcionen**.

26. Robados en San fernando los regalos de "reyes" de veinte niños.

7 de enero de 2014 a las 16:14

Poco antes de Navidad nos sorprendía la noticia de que habían sido sustraídos cerca de una tonelada de alimentos de la sede de Cáritas parroquial en Almería. Algunos habran pensado "¿Qué desalmados pueden robar a los pobres?"

Todavía no se han quitado las vallas de la cabalgata de Reyes en Badajoz, y nos enfrentamos a la cruel realidad. **Esta mañana a más de veinte niños se les ha negado el derecho a ser felices. Les han robado los reyes.** Sus padres han elegido por ellos y han decidido que **no los quieren ver llorar** y que si para evitar que lloren es necesario que tampoco puedan reir; pues que no rian.
Simplemente los han matado.
Estos niños tenían planes, sueños, habían sido concebidos con un propósito, deseaban agradar a sus progenitores, jugar con sus otros hermanos, hacerles reir, llenarles de alegría... es la inocencia de la infancia.
Una madre de las que han venido a matar a su hijo nos ha explicado el motivo: "ya tenía uno".
Simplemente, así de necia.
Es verdad que estos niños no sufrirán más; pero eso será porque sus padres les han negado el primero de todos los derechos: el de vivir.
Y la vida queridos padres es eso; luchar y sufrir y reir.
Es verdad que a estas niñas abortadas, ningún golfo les robará su primer beso; pero tampoco guardarán jamás entre las hojas de sus libros de texto la primera flor regalada.

Es verdad que estos niños jamás tendrán que sufrir porque les vayan a cortar la luz, no tendrán que buscar trabajo… pero estas madres tampoco les ayudaran jamás a elegir el anillo de compromiso para sus novias. Jamás serán las madrinas de sus bodas…

Jamás los verán llorar pero tampoco los verán felices jamás. Porque los han matado. Así de sencillo.

"Queridos padres en vuestra cobardía no os habéis puesto en mis zapatos. Os habéis dejado agobiar por el qué dirán, la crisis, y mil excusas más, pero no os habéis puesto en mis zapatos.

Habéis elegido por mi; sin contar conmigo. Quiero caerme de la bici y llorar muchas veces, porque así cuando por fin consiga aprender a montar me sentiré el rey del mundo.

Quiero amar y ser amado y si para eso tenías que haberme alejado de ti; haberlo hecho.

Si no puedo amaros a vosotros papa y mama podré amar a otras personas …lo sé. Sé que puedo hacerlo. Sé que puedo triunfar, pero vosotros no me habéis dejado ni intentarlo.

Soy un aborto, si. Pero vosotros sois unos fracasados.

De todas formas os perdono…ya he encontrado quien me quiera y a quien querer: Los brazos de mi Padre.

27. El abortorio "Guadiana-Los Arcos" de Badajoz.

"Si quieres presumir de cuerpo, usa tu cerebro".

El abortorio Guadiana capta clientes en Extremadura y en Portugal utilizando el eslogan mencionado, pero oculta cuidadosamente que su principal actividad es la destrucción de seres humanos.
Se anuncia como una clínica de estética. En su publicidad prefiere hablar de cirugía estética.

En Extremadura se registran más de cien abortos diarios, casi 15.000 en los últimos 15 años sobre una población total de 1.100.000 habitantes.

Por increíble, sarcástico y macabro que parezca, el abortorio frente al que rezaremos en Badajoz tiene el siguiente lema: *"Si quieres presumir de cuerpo, usa tu cerebro"*.

Seguro que muchas de las madres que han sido humilladas allí y a las qu ese les ha arrebatado sus hijos apoyarían mejor este otro lema:

"Pero si lo que quieres es usar el cerebro, defiende la vida de tu hijo".

28. Rescatadoras.

Cada lunes y cada martes en Badajoz desde las nueve y media hasta las doce entran fácilmente de treinta a cincuenta personas a abortar. Algunos días gracias a Dios son menos.

Nosotras permanecemos en la puerta durante este tiempo ofreciendo ayuda, reflexión, comprensión e información sobre lo que es un aborto y lo que les espera después de abortar.

Desgraciadamente en España existe el fraude de ley por lo que muchas de ellas no han sido expuestas a la lectura obligatoria según la ley existente de un sobre con toda la información pertinente. Tampoco han tenido tres días de obligada reflexión después de la primera visita y muchas de ellas son tratadas como ganado que no debe escapar del redil.

Las autoridades conocen y miran para otro lado

29. Lo más humillante.

Lo mas humillante
17 de septiembre de 2014 a las 13:28

Con el telefonito de mi casa y sin gastar dinerito de la asociación a la que pertenezco y que pretende salvar vidas humanas he llamado esta mañana a una chica cuyo numero me dio ayer una buena amiga suya. ¿Os he dicho que estaba en la oficina de la asociación que es la cocina de mi casa?

Esta chica al parecer necesitaba ayuda pues iba a tener un bebé y no tienen trabajo. En principio no parecía nada complicado así que he llamado sin esperar escuchar un relato tan triste y tan doloroso.

Después de hablar un ratito y de explicarle que no teníamos muchos medios pero que con lo que pudiéramos la íbamos a ayudar le he preguntado si podría venir a Badajoz a recoger las cosas y me ha dicho:

"No puedo pisar Badajoz desde hace un año; es que verás voy a ser sincera contigo, el 8 de octubre del año pasado fui a abortar.

No sé si yo quería o no, mi pareja me presionó tanto para abortar que yo cedí y cuando aparcamos el coche me quedé como bloqueada no podía ofrecer resistencia.
Pero yo sabia que estaba mal, no quiero quitarme responsabilidad.

Delante de mi había dos chicas que no paraban de reirse y yo pensaba ¿sabrán a lo que vienen?

ES LO MAS HUMILLANTE QUE TE PUEDES IMAGINAR. ESTO ES MUY DOLOROSO, Y SE QUE VA A DOLERME EL RESTO DE MI VIDA.

Cuando me desperté no dejaba de gritar: ¡me lo han quitado, me lo han quitado! y mi pareja me decía que no gritara pero no podía callar; cuando llegué a casa me tapé con una manta y me metí en la cama, no quería levantarme...no quería vivir.
Paso el día mirando el reloj y cuando llega la hora en que aborté a mi hijo me echo a llorar.
No puedo poner el Tomtom en el coche porque el ruido me recuerda el viaje aquel en el que maté a mi hijo.
Una semana después de aquello estuve ingresada tres días en el hospital, un fallo en el riñón. No sé si tendría algo que ver.
Después de tanto dolor me volví a quedar embarazada; los métodos anticonceptivos fallan, pero esta vez no voy a dejar que me hagan lo mismo. Sacaré a mi hijo adelante aunque me muera de hambre.
El día de la madre lo celebré por partida doble; porque yo ya era madre aunque mi hijo tenía solo doce semanas cuando murió. Ya era madre.
Mi pareja también está muy arrepentida, me ha visto llorar y ha llorado conmigo. Ojala no lo hubiéramos hecho.
Algunos médicos se creen que ayudan a las mujeres al provocarles un aborto pero no les ayudan.
Solo matan a una personita inocente que lo único que traía era alegría y amor para dar.
Y dejan, abandonan a las mujeres en la más terrible de las soledades. "

Se ha ofrecido a ayudarnos en lo que pueda y por supuesto le he pedido que cuando se encuentre mejor sea ella misma la que cuente su historia frente a un periodista; ha dicho que si.

Espero que el ginecólogo del abortorio y las operarias que colaboran en la muerte de los niños lean este testimonio y tomen buena nota de que NO AYUDAN A LAS MUJERES. Y que el aborto es una violencia contra la mujer.

ESPECIALMENTE ESPERO QUE ESTA NOTA LA LEA EL CONSEJERO DE SANIDAD DEL GOBIERNO DE EXTREMADURA SEÑOR CARRON, ASI COMO JUAN BRAVO consejero DE POLITICA FAMILIAR en el momento de redactar esta nota (que me dijo a la cara que el aborto no era tema de su departamento) Y POR SUPUESTO EL RESTO DE LOS POLITICOS EXTREMEÑOS QUE CON SU SILENCIO ESTÁN CONSINTIENDO QUE LA MUJER EXTREMEÑA Y NUESTRA SOCIEDAD QUEDE HERIDA PARA SIEMPRE.

30. La señora de los ojos azules.

18 de junio de 2014 a las 18:02

Supongo que ya todos conocéis la historia de una mamá a la que propusieron abortar por segunda vez y se negó explicando que la primera vez fue horrible y que ojalá hubiera hecho caso a una señora de preciosos ojos azules que en la puerta del abortorio le decía: **"no lo hagas"**.

Esta **"Señora de ojos azules"** que colabora con nosotras en los rescates tiene una dulce mirada de madre , según los testigos; y un tranquilizador tono de voz que te lleva a confiar en ella.
Desde Círculo AMAVI queremos darle las gracias a Ella por su mediación en favor de estas madres y de estos niños.

También queremos daros las gracias a todos los que permanecéis fieles a la oración desde vuestras casas, o ante el Santísimo...intercediendo por la salvación de las almas con pequeños, o no tan pequeños; sacrificios silenciosos.
Algunos nos dirán **"Con la oración no se hace nada"** pero nosotras contestamos como dice el papa Francisco: **"Sin la oración aún conseguiriamos menos."**

La receta que funciona.
Una palabra, un gesto, una mirada, un folleto entregado...mucho amor y la oración.
A veces te vuelves a casa pensando que no ha merecido la pena, pero solo Dios sabe. Solo Él conoce el final de la historia.

Él ha prometido hacernos felices y si ahora nuestra situación es tan dificil que esta promesa nos parece una broma absurda e increible; es porque no es el final de la historia.

Hoy 18 de junio he tenido conocimiento de otro rescate que tuvo lugar el 15 de abril.

Me ha llamado al movil una chica de 21 años a la que ofrecimos en la puerta del Centro de Exterminio Prenatal otra salida. Una opción diferente a matar a su hijo...y se quedó pensando.

Hoy me lo ha contado todo.

No se había puesto en contacto con nosotras hasta ahora porque ella quería que su novio y su padre (con quien vivía) la apoyasen. Pero nada. Solo encontró desprecio e incomprensión.

Valoró la posibilidad de abortar y todo estaba a favor. A pesar de eso, ella seguía retrasándolo y buscaba esa palabra, ese gesto, esa mirada en la que poder apoyarse para sacar la vida de su hijo adelante. Ya ha visto las ecografías y lo que vio no era un "que" como le habían dicho; sino un "quien" y ella no puede matar a su hijo.

Se ha alejado de las personas que le aconsejaban abortar y ha vuelto su mirada a quienes le dijeron que la historia podria tener un final feliz.

Nosotras solo podemos estar en la puerta del abortorio durante un tiempo corto, después tenemos que volver a nuestras obligaciones de madres, esposas...pero la Virgen María no se cansa de interceder día y noche. Nuestras pequeñas oraciones llegan al corazón del Padre unidas y escondidas en la única oración verdadera que le agrada: la de su Hijo.

Y ahí están los frutos.
Muchisimas gracias a todos.

31. Globos en la puerta.

Necesitamos visibilizar para el barrio en el que se ubican los abortorios lo que sucede detrás de estas puertas blancas de cristales impolutos que ocultan el dolor y la sangre derramada.

A veces, y para llevar la cuenta de los niños asesinados; ponemos un globo por cada uno de los que entran. Su vida y sus ilusiones se desinflan de igual modo.

Otras veces hemos puesto un juguete, un peluche con el que ya no jugaran...

32. Sus papas tienen 16 años.

Cuando Sara se quedó embarazada de Angel tenían ambos 16 años.

Ella lo ha contado muchas veces por eso no viola su intimidad referir otra vez que un padre insensible la obligaba a abortar. Fue su madre, valiente donde las haya la que puso paz en un torbellino de malas ideas y planes descabellados que hubieran arruinado la vida de tres personas.

Es verdad que a día de hoy no están juntos, bueno. Pero ambos, Sara y Angel, tienen el gran honor de haber traído al mundo un hijo precioso.   Matarlo no les habría hecho dejar de ser padres; lo hubieran sido de un niño muerto.

Tenerlo les hizo perderse algunas fiestas, pero ahora son felices y podrán acudir a todas las restantes, juntos o por separado.

Si hubieran hecho caso a las fáciles y cobardes salidas que les ofrecían...

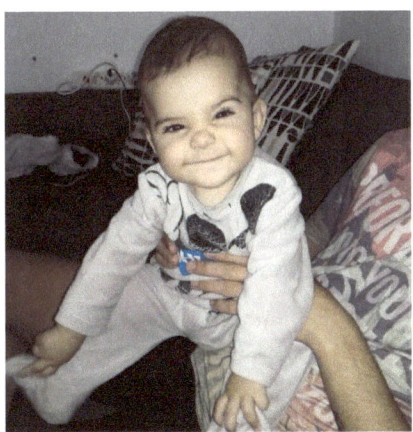

33. Martita.

Martita se llama así porque a veces el agradecimiento de las madres es tal que no saben decírtelo con palabras y la mama de Marta lo quiso así. Se llama como la rescatadora que le habló en la puerta del abortorio aquella mañana.

Después hemos ido muchas veces a verlas a su casa. Ellas son conscientes de lo que estuvieron a punto de hacer y siempre tienen en nosotras unas verdaderas amigas.

34. Presupuesto para el proyecto "sonrisas"

La primera parte del proyecto pretende **Proporcionar pañales de usar y tirar.**

Tenemos hasta la fecha unos 50 niños de diversas edades a los que atendemos.

Todos ellos necesitan pañales desde la talla 1 hasta la 5.

Según un estudio de la OCU la relación calidad precio en los pañales del centro comercial "lidl" es el mas ventajoso. El paquete lleva 50 pañales, y cuesta menos de 8 euros. Cada pañal sale a 15 céntimos, cuando con los otros estan entre 25 y 30 céntimos.

Hemos calculado que un niño de un año aproximadamente usa cinco pañales al dia mas o menos. Los 365 dias del año supondrían un gasto de 1725 pañales aproximadamente que divididos en los cincuenta que lleva cada paquete hacen un total de 35 paquetes al año.

Necesitariamos 1750 paquetes (de diversos tamaños) para atender a los niños de nuestras mamas. **1750 X 8€= 1400€ al año en pañales.**

Pero cada mes tenemos entre uno y tres rescates de niños que se van sumando a los que ya atendemos. <u>Lo que aumentaría el montante gastado en pañales aproximadamente en otros 1400 euros.</u>

Además el proyecto incluye los talleres de cocina sana para bebés, o de lactancia materna con lo que el presupuesto se incrementaría en función de las asistentes a los talleres.

No obstante hasta ahora y en nuestros casi seis años de servicio a la sociedad atendiendo a estas madres hemos recibido ayuda económica de particulares que nos apoyan en este nuevo proyecto también.

TOTAL PRESUPUPESTADO PARA ESTE AÑO ....*3000€*

De los que solicitamos .... 2481€

La segunda parte del proyecto "sonrisas" pretende **informar adecuadamente a los jóvenes y a las familias** para que jamás se borre la sonrisa de los rostros de nuestros adolescentes. Para ello nos proponemos hacer una labor de formación y divulgación de lo que es un embarazo, de lo que supone la paternidad responsable, y de los traumas que experimenta una mujer (aunque sea adolescente) al abortar; que son sin duda mucho mayores que los que puede afrontar al ser madre soltera.

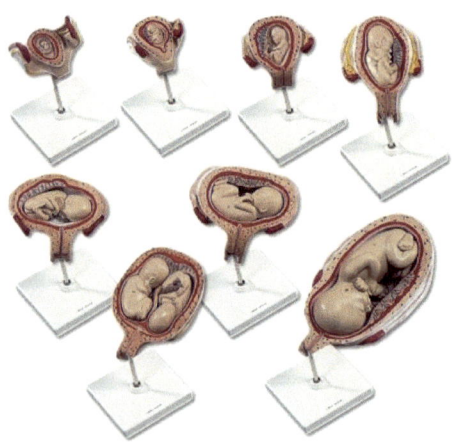

Este es parte del material que ya está en nuestro poder y que utilizamos para mostrar a los escolares la humanidad del bebé intrauterino.

Podemos adquirir otro juego por 477€ +IVA en

http://www.medical-simulator.com/base.asp?idProducto=2503&idFamilia=356&idFamiliaPadre=154

Es verdad que los rescates a pie de abortorio son in extremis y que mucha gente viene con la decisión ya tomada de casa; pero también es cierto que el 74% de las decisiones las tomamos en el lugar de la realización de la actividad. Eso nos hace esperar que al menos el 74% de las madres que vienen a abortar, viendo nuestra exposición y el material multimedia; al menos recapacite.

La carteleria digital dinámica también conocida como **narrowcasting,** es una plataforma multimedia con la que se distribuye información en diferentes formatos (html, flash, videos, textos e imágenes) a través de la red, vía IP, hasta los dispositivos digitales o proyectores.

La señalización digital ofrece una flexible e interactiva plataforma de comunicación para promover, informar, educar y entretener a una audiencia definida, en un momento concreto y en un lugar específico.

El modelo BrightSign HD1022 sale por 504.0 €

Networked Interactive Player Engage your audience with a wide range of interactive options using GPIO, USB, serial and UDP devices, while delivering networked content for a truly impressive display.

 Los soportes para la carteleria pueden ser de pared, de suelo, etc.

TOTAL PRESUPUESTO

Pañales..1400 €

Modelos de desarrollo humano tamaño real.........................477 €

Carteleria digital dinámica................ ....504 €

Total..2481 €

35. Escuela de agentes dinámicos de apoyo a la vida.

3 de febrero de 2015 a las 14:46

Hemos celebrado nuestro primer encuentro.

Intentando aprender, y comprender para amar y ayudar a superar la experiencia del aborto. Han sido dos días muy intensos de lucha y oración. Tambien de formación.

La biolgía nos avala y aunque no nos apoyamos exclusivamente en ella para seguir adelante nos capacita para rebatir las "razones" de algunos.

Han sido dos días de intensas prácticas en diferentes métodos de rescate de estas madres y sus bebés; pero también de sus parejas de sus familias y de los trabajadores y vecinos que ven sorprendidos como acudimos un día y otro sin desfallecer.

Ya estamos preparando el próximo encuentro...¿queréis que vayamos a vuestra ciudad?

36. Viajamos.

El grupo de voluntarios viajamos llevando la información y la ayuda allí donde nos la solicitan.

37. Si el afligido invoca al Señor.

"Si el afligido invoca al Señor; El lo escucha y lo libra de sus angustias" Salmo 33

Me encontraba afligida porque debía preparar ya el pago del alquiler del mes de junio del local que abrimos al lado del abortorio de Badajoz.

Por un lado vemos el bien que está haciendo (los videos sobre el origen de la vida que explican; cómo es la formación de un bebé mes a mes; el testimonio de personas que han sobrevivido a un aborto y que ahora reclaman sus derechos a una sociedad que los ignoró...etc.)

Nos llaman muchas personas a pedir información y podemos orar por ellas y atenderlas antes de que vengan decididas el día del aborto cuando es más difícil hacerlas entrar en razón.

Tenemos un sitio para que el sacerdote las confiese allí mismo e incluso hable con los padres de los bebés.

Día y noche el cartel led que compramos anuncia que abortar es matar bebés.

Por otro lado sigo experimentando la oposición de los que sin decir que están a favor del aborto me echan en cara que si no hay dinero para atender a esos niños correctamente; nuestra labor de rescates es "una irresponsabilidad".

Además del propio cansancio de la labor hay que contar con el cansancio de luchar "contra los buenos" Estos no se van definitivamente de nuestro lado pero nos siguen arrastrando los pies.

En este oleaje de razones y excusas y miedos y respetos humanos, y egoísmos...a veces surge la duda y me pregunto si todo esto es cosa mía y soy yo la que me he empeñado en sacar adelante este proyecto.

En esos momentos suelo volver la mirada a Dios y preguntarle "Señor ¿quieres que sigamos aquí, sin ver frutos, recibiendo insultos, poniendo de nuestro dinero para mantener esto en pie?...

Sin saber cómo pagaríamos los 350 euros de este mes me fui a la adoración al convento de las clarisas descalzas y cuando estaba delante del Santísimo me llamo una voz desde detrás de la reja: "Margarita, Margarita..." me volví y la mano de la Madre Abadesa me acercaba un sobre con 300 euros. Le dije que ellas necesitaban también ese dinero; pero insistió en que lo que necesitaban ahora era compartirlo conmigo.

Y yo comparto con vosotros para que recordemos que la Palabra de la Biblia es verdad y que El no falta nunca a sus promesas. Y que nos ama.

Os ruego que incorporéis a las Clarisas Descalzas de Badajoz a vuestros motivos de intercesión.
Unidos en Cristo.
Marga

38. Relato de los hechos denunciados en el abortorio de Badajoz.

Margarita Cabrer Esteban natural de Zaragoza con Dni 25433713Z residente en Badajoz en la calle Avda. Luis Movilla nº6, 5ºF.

Declara que estando parada de pie en la acera derecha de la calle rey Mudafar de Badajoz a la altura del nº8 en compañía de otra persona con la que rezaba el rosario; un individuo, varón de unos cincuenta años trajeado **se ha dirigido a nosotras con tono amenazante y acercando excesivamente el puño derecho a la cara de la declarante.**

Además ha acompañado estos gestos agresivos y bruscos con amenazas y palabras malsonantes del tipo: **"Vosotras no tenéis ni puta idea de lo que sufren las mujeres"**; o **"Marcharos de misioneras a Perú".**

Mientras estaba **voceando avergonzándonos delante de los vecinos** ha pasado un coche de la policía nacional y lo ha parado a gritos requiriendo de los policías el que nos identificasen y permaneciendo presente mientras estos realizaban su trabajo; interviniendo en la conversación que manteníamos con los policías arguyendo sus razonamientos y reiterando sus amenazas.

Amenazas del tipo: **"Os voy a denunciar"**; **"Voy a hacer que os apliquen una orden de alejamiento". "Voy a exigir que os traten como en Madrid, que tengáis que estar en la acera de enfrente"; "Que no podéis mantener contacto visual con las pacientes". "No habéis pedido permiso a la Delegación del Gobierno para hacer una manifestación".**

El individuo se dirigía a los policías afirmando de forma incierta que estábamos intimidando a las personas que pasaban por la calle al dirigirnos a ellas y que impedíamos el paso a la clínica. Además de decir que las amenazábamos con el infierno.

Los policías nos han pedido los folletos que portábamos y que entregamos a las mujeres que entran a la clínica con información y números de teléfonos sobre instituciones donde se puede pedir ayuda para las mujeres embarazadas en situación de vulnerabilidad.

Los policías nos han sugerido que nos fuéramos después de eso y mientras me despedía de la otra persona y ya sin folletos y sin habernos vuelto a dirigir a nadie; el individuo de la clínica ha sugerido a los policías que nos volvieran a instar a abandonar la calle.

Así lo ha hecho el policía y, según el agente nos ha explicado, si no nos marchábamos inmediatamente tendría que hacer una segunda actuación. Por lo que nos hemos visto obligadas a separarnos sin acabar la conversación que estábamos manteniendo entre dos ciudadanas de forma pacífica.

Declaro y manifiesto los hechos por ser sumamente desagradables e intimidatorios y habernos dejado afectadas y sumamente frustradas; por si pudieran ser constitutivos de algún ilícito penal.

39. Policia de incognito

40. Me alegro de llorar...

... y de no dejar de creer en las personas.
25 de noviembre de 2013 a las 14:59

Hace unos días me decía un amigo que si no lloras de vez en cuando es que estás muerto.

No sé si recordáis que ando metida en juicios porque los del Centro de Exterminio Prenatal de Badajoz ven peligrar sus ganancias y no nos quieren en la puerta ofreciendo esperanza y alternativas. Bueno pues un día de esos que acudimos a dar esa oportunidad a las mujeres a las que el aborto iba a maltratar, vimos a una joven que nos hacia fotos desde la otra acera.

Conocéis la historia porque os la he contado.
La chica se identifica como policía sacándome una placa y yo la creo. La chica me dice que su hermana está buscando adoptar y que más les valdría fomentar las políticas de adopción que pagar los abortos...en fin; muy agradable su conversación...

Tengo que contaros que primero salió huyendo cuando vio que yo me acercaba a hablar con ella, pero cuando le di alcance en la Avenida de Carolina coronado y le dije que iba a llamar a la policía nacional ella misma saca la placa y se identifica como policía.

Me cuenta que puesto que el abortorio está constantemente llamando y "molestando" han decidido enviarla a ella de **incognito** para que pudiera verificar cómo es nuestro comportamiento in situ.

Bueno, yo me lo creo.
Me dice además que las fotos que ha estado tomando han sido enviadas de inmediato a su jefe para confirmar que nuestra actitud no es agresiva y que en ningún momento cerramos la puerta para evitar el paso de las clientas, ni forzamos a nadie a no entrar, etc.

Por eso cuando el abortorio empezó a ponernos denuncias a raíz de que el gerente me agrediera y yo presentase en el juzgado un parte de lesiones; enseguida buscamos a esta misteriosa chica porque creímos que su versión aclararía todo.

Por supuesto **el hecho de que se saludara y se besara** con una de nuestras acusadoras mientras estábamos esperando la celebración del juicio no nos hizo sospechar en ningún momento que su testimonio sería parcial. Yo pensé: "hombre, pueden ser vecinas, o antiguas compañeras de instituto...porque los policías también son personas".

Jajajjajaja. Aqui es donde mi candidez me pone en evidencia. Imagino las risas que ella y su amiga del abortorio se habrán echado todos estos días al ver que yo misma la citaba a declarar para que testificara sobre lo que pasó.

Hoy en el juicio, preguntada por la juez ha dicho que **"suele ir allí a ver cómo nos portamos pero no estando de servicio"**.

Y en mi candidez me sigo preguntando: **Si no estaba de servicio ¿porqué se identificó como policía, justificando así que me sacara unas fotos que yo no había autorizado?**

Me he vuelto a casa entre lágrimas y auto reproches por ser tan confiada...pero conforme iba llegando me daba cuenta de que es mejor llorar y sentirse viva y ser traicionada; que no tener amigos, no poder dormir por las noches o sentir remordimientos por haber faltado a la verdad.

41. ¿Dónde están hoy vuestras banderas?

28 de diciembre de 2013 a las 19:36

Decía Maquiavelo que **"los celos, la avidez, la crueldad, la envidia, el despotismo son explicables y hasta pueden ser perdonados, según las circunstancias; los traidores, en cambio, son los únicos seres que merecen siempre las torturas del infierno, sin nada que pueda excusarlos".**

La traición es un impulso complejo, donde se mezclan los más abyectos sentimientos con las pasiones más encendidas.
¿Qué lleva a un soldado que combate junto a otro por un ideal a traicionar al primero? ¿No está de alguna manera dividiendo también sus propias posibilidades de supervivencia al traicionar a quien lucha a su lado?

La traición más antigua es aquella que tuvo por protagonistas a un par de hermanos; **Cain y Abel.** El desenlace, de sobra conocido: muerte de uno a manos del otro. Quien debía de cuidar y proteger se convierte en verdugo y asesino.

Judas Iscariote considerado el traidor más grande de todos los tiempos no era familia de Jesús, no al menos como se entiende ahora la familia; pero bien podría interpretarse que, en su traición sí constituye un agravante el hecho de ser **"de los suyos"** de sus íntimos.

En este club desleal y felón en que se ha convertido nuestra sociedad parece que la traición debe formar parte del "equipamiento de serie" de sus miembros exitosos.

¡Traicionar y ser traicionado forma parte del "juego social" acéptalo! Pues no.
Me niego a someterme.
Hace unos días la deslealtad venia de los extraños. Pero hoy la he vivido de "los que mojan su pan en el mismo plato que yo". ¿El movimiento próvida mercantilizado se ha convertido en uno de los obstáculos donde tropiezan los esfuerzos por acabar con el aborto? SI. Sin lugar a dudas.

Hoy quiero expresar mi total estupefacción al comprobar que quienes dicen defender los mismos valores que yo y piden que les cubras las espaldas en "su" lucha; no son capaces de venir en tu ayuda cuando eres tú la que llamas.
Los que consideras **"de los tuyos"** evalúan que si te ayudan en lo que ahora les pides, tu persona prospera y pérfidamente piensan que ellos se quedan en segunda posición; peor situados para medrar cuando sea el caso…por eso **NO ESPERES SU AYUDA** no llegará.

Lo que estos "amigos" no comprenden es que estamos hablando de un bien superior como es la vida humana y la defensa de su dignidad.

No entiendo los cálculos matemáticos cuando estamos hablando de personas, ni otras estrategias que no sean las encaminadas a salvar el mayor número de niños posibles y de ayudar al mayor número de madres a encontrar el buen camino en sus vidas.

Hoy esperaba ver vuestras banderas, vuestros colores en el campo de batalla; oír los sonidos de vuestros cantos que nos levantasen el ánimo…pero no habéis acudido a la lucha.

El evangelio de San Lucas menciona que el discípulo traidor fue guiado por Satanás para cometer la traición.

No sé qué o quién os ha llevado a vosotros a dar un paso atrás.

Solo espero que recapacitéis y que pronto o tarde toméis las riendas de vuestro propio destino; cuya meta es la gloria de Dios y no la de los hombres.

42. El 21.

MARGARITA CABRER ESTEBAN·JUEVES, 24 DE NOVIEMBRE DE 201618 veces leída

El dia 21 se celebraba en Badajoz un juicio contra el agresor (hombre) que pego e insultó (el video esta en YouToube) a dos mujeres que estaban ofreciendo ayuda delante de un abortorio.

Lo que me extraña es que nadie; salvo el abogado y la procuradora, (gracias Eva y gracias Jose) acudieran a apoyar.

No hubo feministas.

No hubo providas.

No hubo adalides de la libertad de expresión.

No hubo católicos.

No hubo...

Claro la mujer agredida no iba con los pechos al aire, sino discretamente vestida y la cabeza no estaba coronada de flores sino repleta de pensamientos y lógica científica...por eso no la defendisteis. Nadie la defendió.

43. La bufonada.

... del colectivo "Acampada Badajoz"

1 de octubre de 2013 a las 12:42

A nosotras ya nos conocéis somos la asociación sin ánimo de lucro **"Círculo AMAVI"** que intenta ayudar a las mujeres embarazadas en riesgo de exclusión.

Ropita de bebé estupenda, carritos, pañales, juguetes, libros, utensilios de puericultura...Estamos delante del abortorio que hay en Badajoz y ofrecemos ayuda a las madres. También acudimos a informar a colegios, institutos...donde nos lo solicitan.
Ponemos mesas informativas en la calle, organizamos campañas de recogida de móviles para sacar dinero para ellas...etc.

Realizar nuestra labor nos ha acarreado no pocos problemas: denuncias, juicios, pagos de multas...amenazas de cárcel... el colectivo abortista está muy enfadado porque frustramos sus planes y disminuimos sus ganancias.

Nosotras sostenemos que **"tenemos derecho"** porque nos ampara la Constitución Española (articulo 20) y La Carta de Los Derechos Humanos (articulo 19).

La Constitución española de 1978. Artículo 20:
Se reconocen y protegen los derechos: A expresar y difundir libremente los pensamientos, ideas y opiniones mediante la palabra, el escrito o cualquier otro medio de reproducción.

Bueno pues, en el ejercicio de nuestros derechos fundamentales; solicitamos al Excelentísimo señor alcalde de Badajoz que nos diera permiso durante el mes de julio para poner una mesa informativa sobre la realidad del aborto en la Plaza de España. **Nos fue denegada.**

Nuestra mesa informativa nos fue denegada; según el funcionario de turno porque "La plaza de España no está para esas cosas". ¿Pero al colectivo mencionado sí le dieron permiso para ocupar la plaza?

El pasado 27 de septiembre los recalcitrantes peones de la peor izquierda conocida en la historia de España convocaban en nuestra ciudad una manifestación en defensa de la pena de muerte de los no nacidos. No sabemos si fue la tan esperada lluvia plena de vida, la que frustro la llamada mortal o si realmente los bufones no tenían intención alguna de moverse del sillón y lo único que buscaban era publicidad gratuita en el periódico local.

¿Mala fe del colectivo "Acampada Badajoz" o mala praxis del medio de comunicación que difundió **el bulo.?**
¿Se están **conculcando nuestros derechos a "recibir información veráz"** por parte de un medio de comunicación que por ser público y pagado con nuestros impuestos debería ser especialmente escrupuloso y fidedigno en lo que publica? No sería la primera vez.

No tenían permiso de la Delegación del Gobierno (ni siquiera lo habían solicitado) lo he comprobado.

No quiero pensar que haya podido haber **prevaricación** por parte de quien denegó nuestra solicitud; pero los hechos son contundentes.

El artículo 20 de la Constitución Española dice también que: "*El ejercicio de estos derechos no puede restringirse mediante ningún tipo de censura previa.*"

¿Estamos siendo **censurados** preventivamente los provida de Badajoz? No sé qué pensar cuando se reparten locales de titularidad municipal "a tutiplén" pero nosotras tenemos que guardar las cositas que nos dais amontonadas en nuestras propias casas por falta de un local que dignifique nuestra labor. La que ya vosotros conocéis y habéis confirmado con vuestro generoso apoyo.

44. Supongo que ha sido un error de imprenta.

¿Error de imprenta o manipulación?

Supongo que ha sido un error de imprenta el que, en la noticia que se redactó para La Crónica de Badajoz; los indignados de la cabalgata del 15M pasasen de ser un centenar en el subtítulo a un millar en el texto. Mediando tan solo tres lineas entre una cosa y otra. Sobre todo cuando la policía nacional dijo que habían sido unos setenta u ochenta.

En fin, quería comentar que en la calle Rey Mudafar nº8 en el abortorio nos juntamos en una concentración autorizada por el ministerio del interior unas quince personas el mismo día 28; entre vecinos del barrio, y voluntarios provida de diversas asociaciones.

Protestábamos contra todo aborto cometido; al que consideramos un abuso contra la mujer y la vida.

Contra los asesinatos que se realizan en esa clínica portuguesa a bebés portugueses de veintidós semanas o más de gestación y que, aun estando prohibido en su país en esos términos; se anuncian allí y las traen aquí en un taxi.
Quinientos euros ida y vuelta según nos ha comentado algún taxista.

(Si, si ya sé…¡¡¡¡¡¡Con Franco se iban a Londres!!!!! Dirán los demagogos. Si ya; pero no éra legal anunciarse en España y si algo salía mal no la traerían a España a la clínica de la Seguridad social a arreglar el desaguisado en la sanidad publica¿no?)

Protestábamos también contra el supuesto fraude que a nuestro entender se cometería de confirmarse los hechos que nos son relatados por personal sanitario del Infanta Cristina; en relación a que, no consta que las ingresadas por una complicación en el aborto realizado, provengan de el abortorio privado de Badajoz; sino que se hace constar que estaban en casa y que el aborto ha sido natural.

Con lo que la clínica privada cobraría el dinero del aborto; pero si la operación se complicase sería el Servicio Extremeño de Salud, y por tanto nuestros impuestos; quienes correríamos con los gastos sanitarios y de hospitalización.

A pesar de que nuestra manifestación estaba autorizada tuvo que ser requerida la presencia de la policía nacional porque algunos proabortistas vinieron a provocar y amedrentar a los concentrados con un bate de beisbol; especialmente al joven que estaba grabando con un video. Además de proferir insultos, improperios y escupitajos. **Vamos a presentar una denuncia**.

Fueron cinco los coches de policía que vinieron en nuestra ayuda. En un momento los trescientos metros de la calle se vieron abarrotados de gente violenta que ,gracias a Dios, no consiguieron frenar la acción de la policía que retuvo y pidió la documentación a los provocadores.

Nosotros no tuvimos cobertura de prensa a pesar de que habíamos anunciado con tiempo la concentración. Es lo que nos pasa a los ciudadanos de a pie que tenemos que luchar también en contra de lo que los medios consideran que "está caliente o no".

Parar la masacre de niños indefensos bien vale un poco de humillación.

Ya se pondrá de moda ser próvida y entonces saldremos en la prensa; aunque lo realmente importante es que se conozca esta salvajada y se pare; por los bebés y por la madres.
Nadie sabe realmente cómo quedan de dañadas psicológicamente las mentes de ellas.

De verdad que nos hubiéramos conformado con el espacio que La Crónica de Badajoz (prensa gratuita que pagamos con nuestros impuestos vía subvencion) le habéis dedicado a la vieja Sidnead...que mira qué nos importa que se divorcie ahora.

45. Tengo que exigir dimisiones.

16 de enero de 2014 a las 23:24
Tengo que exigir dimisiones…

Leyendo mi libro de Desarrollo Embrionario de la Universidad Nacional a Distancia que tras más de treinta años de funcionamiento y cerca de 180.000 alumnos ocupa el primer lugar, por número de alumnos matriculados, de todas las Universidades españolas; y es la segunda de Europa tras la Open University del Reino Unido; concluyo que **tengo que exigir dimisiones**.

En la pag 37 dice: "En el periodo embrionario; desde la tercera semana hasta la octava; se desarrolla el sistema nervioso, respiratorio y digestivo. Mide aproximadamente 2.5 cm. Aparece una distinción clara entre la cabeza y el cuerpo, e incluso se pueden distinguir los ojos, la nariz, el labio y la lengua. El corazón late con fuerza, el estómago ya puede producir pequeñas cantidades de jugos digestivos, los riñones purifican la sangre (la suya no la de la madre) y el sistema endocrino ha empezado ha producir hormonas. Igualmente, los ovarios o los testículos aparecen ya formados…"

Si el PP como partido (o los votantes del PP) siguen empeñados en hacer buena la ley Aído o la Ledesma o la Gallardón o cualquiera que permita acabar con un ser humano (si; de 2,5cm pero humano al fin y al cabo) exijo una explicación.

Que dimita el ministro de Educación o que dimita el ministro de Justicia, o que dimita la ministra de sanidad; o alguien, porque no se puede tener razón afirmando una cosa y querer tenerla afirmando la contraria.

Si el ministro de Educación nos está engañando permitiendo que circulen estos textos por las aulas españolas; y en realidad estos seres vivos, si están vivos pero no tienen sistema nervioso y por lo tanto no sienten nada cuando son desmembrados...que dimita ya.

Si la ministra de sanidad no puede dar cobertura sanitaria a estos españoles, usuarios de la Seguridad Social; cuyos riñones, corazón...están funcionando y en vez de recibir prestaciones sanitarias reciben la tortura y la experimentación en sus propias carnes....que dimita ya.

Si el ministro de Justicia no hace justicia a estos españoles; pequeñitos, sí pero humanos. Si no puede ser la voz de los que no pueden hablar y defenderse ...que dimita ya.

Y lo digo a "vox en grito" y a los dóciles "agnos" cualquiera que mira para otro lado y deja hacer es cómplice de lo que se está haciendo. Y en el tema de matar o no a una persona porque me estorba; dejar la decisión al criterio personal de cada uno no es de recibo.

No se puede justificar ninguna clase de aborto. Aborto no, ni por plazos ni por supuestos.

46.

LASTLY....

El Circulo Amavi está llevado totalmente por voluntarios sin gastos de administración. Todas las donaciones son para mantener abierto el local próvida en Badajoz y proporcionar ayuda a las mujeres embarazadas.

Especialmente útiles son donaciones regulares mensuales, por pequeñas que sean, ya que ayudan a la organización a planificar sus actividades.

Si a Vd le gustaría ayudar, se puede mandar su donación por transferencia bancaria:

TRANSFERENCIA BANCARIA:

Circulo AMAVI

La Caixa

IBAN : ES86 2100 4743 1902 0008 0886

BIC: CAIXESBBXXX

Este libro es un regalo estupendo para concienciar e informar sobre la realidad del aborto.

El saldo neto de la venta de este libro se dona en su totalidad al Circulo. Ni el autor ni el editor cobran beneficios.

Henry von Blumenthal

LONCROSS PRESS

www.ingramcontent.com/pod-product-compliance
Lightning Source LLC
Chambersburg PA
CBHW041621220426
43662CB00001B/12